niels anders

Krypto

titel	Krypto
© Copyright 2020	Munck, Niels <u>Anders</u> **Björnhög** Västra Vemmenhög 615 SE-274 93 SKURUP
e-mail	`anders@mun.dk`
forfatter, lay out, grafik	niels anders
forlag	**BoD** Books on Demand København, Danmark
tryk	**BoD** Books on Demand Tyskland
ISBN	978-87-4302-794-2

Forord

Hvis du har en computer med et fedt grafikkort og en hurtig netopkobling. Og hvis du bruger flere timer dagligt på at spille FORTNITE - eller noget tilsvarende. Og hvis du ind imellem tænker, at al den regnekraft må kunne noget andet også. Men du har aldrig rigtigt fundet indgangen til dét univers.

Så er det dig, jeg har tænkt på, da jeg skrev denne bog.

Bare rolig. Dette er ikke et korstog. Der er ingen løftede pegefingre omkring computerspil. Dem skal du bare fortsætte med; det er god underholdning. Jeg forsøger bare at udfordre din nysgerrighed. Og måske også din kreativitet.

Jeg vil gøre det ved at udforske forskellige former for kryptering. Altså, systemer som man kan skrive hemmelige beskeder med. Hvis du også er lidt fascineret af teknik og matematik, og måske også i sprog, så tror jeg at det også vil kunne fange dine interesse.

Kodesystemerne bruges udelukkende som eksempler på noget, som forholdsvis enkelt kan programmeres. Hvis man griber det rigtigt an, er det ret overraskende, så lidt der skal til.

Det er ikke hensigten at give en historisk og teknisk korrekt fremstilling af kodesystemerne ned i alle detaljer. Den information må du søge andre steder. Hensigten er at udforske de grundlæggende tanker bag dem, og at simulere dem på en computer.

Jeg håber, du vil tilegne dig nogle færdigheder, som du kan bruge i skolearbejde, uddannelse, erhverv eller fritid - alt efter hvor du er i dit liv.

niels anders
Västra Vemmenhög
september 2020

Indhold

Kapitel 1

Programmeringssprog

I denne bog er der lagt op til, at du afprøver tingene i et programmeringssprog undervejs. Du kan i princippet bruge et vilkårligt sprog efter dit eget valg; blot skal du være opmæksom på, at jeg har valgt at bruge et sprog, som kan håndtere vilkårligt store heltal sømløst. I det fleste sprog er heltal begrænset til talområdet mellem $-2^{31} = -2\,147\,483\,648$ og $2^{31} - 1 = -2\,147\,483\,647$ - eller til nød heltal uden fortegn, som ligger mellem 0 og $2^{32} - 1 = 4\,294\,967\,295$. Det er slet ikke stort nok i denne sammenhæng.

Men hvis du er fortrolig med et sprog, der ikke har disse begrænsninger, så kan du bruge det.

1.1 Python™

Jeg har valgt scriptingsproget *Python™*. At det er et *scriptingssprog* betyder, at det bliver fortolket i et runtimemiljø. Der bliver ikke gemt en oversat udgave af programmet. Fordelen er, at det er meget enkelt at gå til. Ulempen er, at det kører langsommere end et oversat sprog.

Når man bruger sproget, som der lægges op til her, har det ingen betydning, at det er lidt langsommere. Det enkelte program køres få gange, og man sparer jo den indledende, tidskrævende compilering.

1.1.1 Installering

Jeg bruger Idle Python 3.8.5 Shell, som kan downloades fra

python.org/downloads/

Du kan selvfølgelig også bruge (går jeg stærkt ud fra) en nyere version, hvis den findes.

Man kan køre Python-kommandoer direkte fra Idle, og man kan gemme sin programkode som et modul i en fil, som administreres fra Idle. Jeg vil ikke gøre meget ud af det, da jeg forventer, at du er fortrolig med at installere programmer på din computer.

1.1.2 Syntaks

Python har en syntaks, der afviger fra de fleste andre sprog. Det er normalt med *blokke* i nutidige sprog. En blok er for det meste afgrænset af krøllede parenteser; her er C++ brugt som eksempel:

```
#include <iostream>

int main()
{   std::cout << "Hello, world!\n";
    return 0;
}
```

De to linier mellem '{' og '}' er en blok, som skal opfattes som en helhed. Indrykningerne er ren æstetik; dem kan man lave, som man vil - eller helt undlade dem. De har ingen betydning for programmets funktion. Det samme gælder linieskift.

I Python forholder det sig anderledes:

```
def main():
    print('Hello, World!')
    return 0
```

Blokstrukturen angives ved hjælp af indrykningerne; alle komman-
doer i samme blok skal have samme indrykning. Vær opmærksom på,
at det *ikke* er ligegyldigt, om du bruger mellemrum eller tabulator!
Og alle kommandoer skal afsluttes med linieskift (hvilket er karak-
teristisk for scriptingsprog).

1.1.3 Biblioteker

Det er normalt, at et programmeringssprog er 'født' med ret begrænset
funktionalitet. Har man brug for yderligere funktionalitet, må man
tilknytte passende biblioteker. Det gælder f.eks. ofte matematik ud
over heltalsområdet. Ideen er, at man kan tilpasse sit miljø til den
aktuelle opgave.

Det gælder også **Python**; sproget er 'født' med heltalsaritmetik,
men skal man bruge f.eks. trigonometriske funktioner, skal man til-
knytte biblioteket **math** (eller et andet bibliotek, som man synes bedre
om, med andre definitioner for de samme ting):

```
import math
def tegning():
        x=math.pi/7
        return math.sin(x)
```

Du er nødt til at importere **math**, for at kunne bruge **pi** og **sin**.
Python er ikke 'født' med at kunne de ting.

Det samme gælder bl.a. tilfældighedsgeneratorer; du skal tilknytte
biblioteket **random** (eller tilsvarende), hvis du har brug for sådan noget:

```
import random
def slump():
        x=random.random()
        return x
```

1.1.4 Indlejret blok

En blok kan indeholde andre blokke; det ses i dette eksempel:

```
import random
def normal():
        rtn=-6
        for i in range(12):
                rtn+=random.random()
        return rtn
```

Kommandoen `rtn+=random.random()` bliver udført i løkken, men `return rtn` bliver først udført, når løkken er færdig.

Det var helt bevidst en ultrakort introduktion til **Python**™. Når du får brug for mere viden, må du **Google** det.

Kapitel 2

Transskribering

Når jeg siger *transskribering* mener jeg, at hvert enkelt tegn i en tekst erstattes med et andet uafhængigt af de øvrige tegn i teksten. Et 'N' transskriberes på samme måde uanset om det kommer efter et 'A' eller et 'K'.

2.1 Homogen transskribering

Med *homogen transskribering* menes, at hvert enkelt tegn efter transskriberinen fylder det samme som de øvrige tegn.

Den simpleste form for transskribering fås ved at ombytte hvert enkelt bogstav eller tegn med et andet bogstav eller tegn.

2.1.1 Frimurerkoden

Denne kode er med her fordi den er en klassiker; jeg har modificeret den lidt, for at det ikke skal være for nemt.

Jeg vil ikke begynde at forklare den, men i stedet overlade det til dig at afkode eksemplet.

Koden kan fremstå som en uskyldig ornamentering så man måske slet ikke opdager, at der er tale om en kodet meddelelse. Dette element indgår i krimien 'The adventure of the Dancing Men' om detektiven

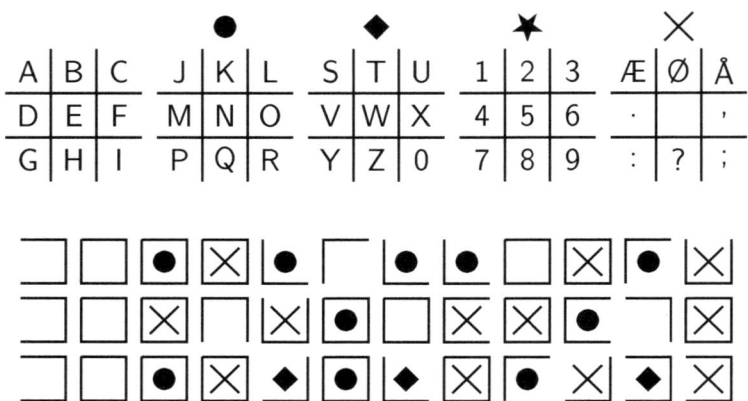

Figur 2.1: *Forfatterens egen udgave af frimurerkoden.*

Sherlock Homes af Sir Arthur Conan Doyle. Her er det nogle tegninger af nogle mænd, der tilsyneladende danser, der rummer nøglen til mysteriets opklaring.

OPGAVE 1 - Frimurerkoden

Afkod beskeden i figur 2.1!

OPGAVE 2 - Skriv hemmelig besked

Skriv beskeden 'DU SKAL VÆRE HJEMME KL 7.' med frimurerkoden i figur 2.1!

2.1.2 Cæsarkoden

Den første type kryptering, som man med en vis sandsynlig stifter bekendtskab med når man har lært at læse, er *Cæsarkoden*. Du kan læse om den på [1]. Ideen er, at man forskyder hvert bogstav i meddelelsen et antal pladser i alfabetet. Når en kodet besked skal afkodes, forskyder man så bogstaverne det samme antal pladser den modsatte vej.

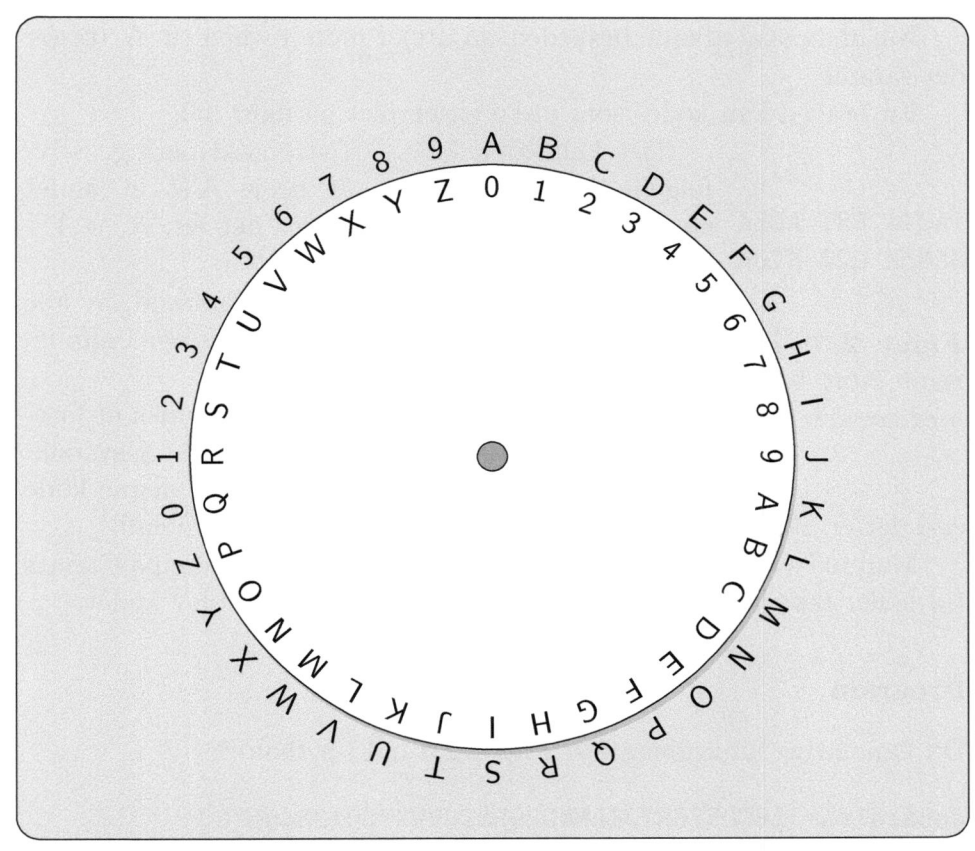

Figur 2.2: *Kodeskive til cæsarkoden.*

Man kunne forestille sig, at det rent praktisk blev gjort med en skive som vist i figur 2.2. Den minder lidt om en parkeringsskive eller jordmoderens terminsberegner med en rund skive, der kan drejes i forhold til en lidt større skive. Den fungerer ved, at man drejer den runde skive så f.eks. 'A' kommer til at stå ud for 'K'. Bogstaverne i meddelelsen opsøges et ad gangen på den runde skive og erstattes med det tilsvarende bogstav på den firkantede skive.

Sådan en skive - eller beskrivelsen af, hvordan den virker - kalder jeg en *forskydningsnøgle*.

Når man skal afkode beskeden, så drejer man 'K' hen til 'A' og gør det samme.

En besked kan kodes som vist i eksemplet på figur 2.3.

IACTA EST ALEA
SKM3K 023 KVOK

Det kaldes en '$A \rightarrow K$'-transskribering. Selvfølgelig kan man vælge at dreje A'et et andet sted hen, f.eks til 'V'. Så bliver det en '$A \rightarrow V$'-transskribering.

Figur 2.3: *Berømt citat kodet med cæsarkoden.*

Cæsarkoden er synkron i den forstand, at alle bogstaver flyttes det samme antal pladser i alfabetet.

Måske forekommer det en smule komisk at forestille sig, at Cæsar har brugt sådan et kodesystem.

Det er jo ikke meget sværere at bryde denne kode end det er at løse en af opgaverne på opgavesiden i et ugeblad!

Man må så huske på, at flertallet af Europas indbyggere på Cæsars tid heller ikke var i stand til at læse beskeden før den blev kodet.

Program

Du kan skrive funktionen vist i figur 2.4 ind i python™:

```python
cesaralfa='ABCDEFGHIJKLMNOPQRSTUVWXYZ0123456789'
def HomCesar(a,d):
    rtn=''
    N=len(cesaralfa)
    for e in a:
        if e==' ':
            rtn=rtn+' '
        else:
            rtn=rtn+cesaralfa[(cesaralfa.find(e)+d)%N]
    return rtn
```

Figur 2.4: *Funktion til udregning af Cæsarkoden.*

Test

Afprøv dit program og se, om det giver samme resultat som i figur 2.5.

```
>>> HomCesar('OMNES VIAE ROMAM DUCUNT',12)
'OYZQ4 7UMQ 3OYMY P6O6Z5'
>>> HomCesar('OYZQ4 7UMQ 3OYMY P6O6Z5',24)
'OMNES VIAE ROMAM DUCUNT'
>>>
```

Figur 2.5: *Udskrift til test af programmet.*

OPGAVE 3 - Kodet meddelelse

Skriv denne hemmelige besked med kodeskiven sat til $A \rightarrow K$ i figur 2.2:
HUSK RISTEDE POELSER VED BAALET I AFTEN
Giver det samme resultat som HomCesar()?

OPGAVE 4 - Læsetræning

Hvis man er en habil læser er det ret nemt at lære sig at læse en tekst, hvor nogle af bogstaverne er byttet ud med andre. Prøv at læse teksten:

P3R O6 P14 N4R KØ8T 3T 64MM3fT NU5. D3R 3R M363T, D3R 5K4f f4V35. D3 3R M363T 6f4D3 FOR N4V3H, D3T 3R 3H 5TOR O6 64MM3f N4V3 M3D M4H63 FRU6TTRÆ3R. D3 6fÆD3R 516 T1f 4T 1HDR3TT3 8ØRH3VÆR3f53 O6 f4V3 54HDK4553 O6 6YH635T4T1V, FOR D3 V3HT3R D3R35 FØR5T3 84RH T1f M4J.

2.1.3 Vigenèrekode

Cæsarkoden kan gøres stort set ubrydelig ved at ændre forskydningen fra bogstav til bogstav. Det kræver en eller anden form for nøglekort, som angiver hvordan kodenøglen ændres. Nøglekortet kan være en bog, som afsender og modtager har aftalt at bruge; f.eks. Ezras Bog i det gamle testamente. Her starter teksten med:

I perserkongen Kyros' første regeringsår
vakte Herren perserkongen Kyros' ånd, for
at Herrens ord ved Jeremias kunne opfyl-
des. I hele sit kongerige lod han følgende
bekendtgøre både mundtligt og skriftligt.

Første bogstav kodes så med '$A \rightarrow I$', andet bogstav med '$A \rightarrow P$', tredie med '$A \rightarrow E$' o.s.v. Hvis man sørger for aldrig at bruge det samme skriftsted mere end én gang og at vælge skriftstederne i en rækkefølge, der ikke er let at gennemskue, så vil det være svært at bryde koden. Det svarer til at have et nøglekort til NemID.

Denne nøgle kalder jeg en *Vigenèrnøgle* eller en *variabel forskydningsnøgle*. Vigenère koden er en *asynkron nøgle*.

Program

Du kan skrive funktionen vist i figur 2.6 ind i python™:

Test

Afprøv dit program og se, om det giver samme resultat som i figur 2.7.

2.1.4 Homogen numerisk transskribering

Med *numerisk transskribering* mener jeg en metode, hvor tekststrengen omsættes til et naturligt tal.

Man kan gøre det ved at tage bogstaverne ét ad gangen fra tekststrengen og addere bogtavets plads i alfabetet til den numeriske kode.

```
forskyd='IPERSERKONGENKYROSFØRSTEREGERINGSÅRVAKTEHERR'
forskyd+='ENPERSERKONGENKYROSÅNDFORATHERRENSORDVEDJER'
forskyd+='EMIASKUNNEOPFYLDESIHELESITKONGERIGELODHANFØ'
forskyd+='LGENDEBEKNDTGØREBÅDEMUNDTLIGTOGSKRIFTLIGT'
vigenerealfa='ABCDEFGHIJKLMNOPQRSTUVWXYZÆØÅ '
def Vigenere(a,d):
    rtn=''
    N=len(vigenerealfa)
    M=len(forskyd)
    j=0
    for e in a:
        m=vigenerealfa.find(e)
        n=vigenerealfa.find(forskyd[j])
        j=(j+1)%M
        if d:
            k=m+n
        else:
            k=m-n
        rtn+=vigenerealfa[k%N]
    return rtn
```

Figur 2.6: *Funktion til udregning af Vigenèrekoden.*

```
>>> Vigenere('RUDOLPH MED DEN RØDE TUD',True)
'ZFHB TYJÆRJDQOHQBPIBQHJH'
>>> Vigenere('ZFHB TYJÆRJDQOHQBPIBQHJH',False)
'RUDOLPH MED DEN RØDE TUD'
>>>
```

Figur 2.7: *Udskrift til test af programmet.*

Det kræver dog, at man forinden multiplicerer den numeriske kode med alfabetets længde *"for at skaffe plads til det nye bogstav"*.

Princippet er nemmest at illustrere hvis alfabetisk længde er f.eks. $N = 100$:

Vi tager tekststrengen 'ALFABET'. Først indsætter vi pladsnummeret for 'A' i den numeriske kode, n:

$$n = 1$$

Inden vi indsætter nummeret for 'L' ganger vi med 100:

$$n = 100$$

og derefter adderer vi 12 for 'L':

$$n = 112$$

Når 'F' er kodet får vi:

$$n = 11206$$

På den måde fortsætter vi indtil hele strengen er kodet:

$$n = 1120601020520 \tag{2.1}$$

Alfabetets længde behøver ikke være 100; det fungerer også med andre længder.

Når du skal afkode værdien i (2.1) kan det være svært at se, om det første tegn har værdien '1' eller '11'; det ser man først, når man kommer til slutningen og får '20' eller '0'. Problemet løses ved at læse koden bagfra: Her er der ikke tvivl om, at de to sidste cifre er '20'. Og når man når til starten af koden, er '1' det sidste der er tilbage.

Program

Du kan afprøve det med funktion i figur 2.8, hvor alfabetets længde er 41.

Den numeriske kode dekodes til tekststrengen med funktionen i figur 2.9.

```
alfanum=' ABCDEFGHIJKLMNOPQRSTUVWXYZÆØÅ'
def homnum(a):
    N=len(alfanum)
    rtn=0
    while a!='':
        rtn=N*rtn+alfanum.find(a[0])
        a=a[1:]
    return rtn
```

Figur 2.8: *Funktion til numerisk transskribering.*

```
def afHomNum(n):
    N=len(alfanum)
    rtn=''
    while n!=0:
        rtn=alfanum[n%N]+rtn
        n=n//N
    return rtn
```

Figur 2.9: *Funktion til numerisk detransskribering.*

```
>>> homnum('ALFABET')
1025488970
>>> afHomNum(1025488970)
'ALFABET'
>>>
```

Figur 2.10: *Udskrift til test af numerisk transskribering og detransskribering.*

Test

Test funktionerne mod udskriften i figur 2.10.

OPGAVE 5 - Udvid alfabetet

Tilføj de små bogstaver i **alfanum**. Kod og afkod dit eget navn; måske må du tilføje flere bogstaver, såsom 'è' og 'ä'.

2.1.5 Baudot

Baudotkoden fra slutningen af det nittende århundrede må opfattes som en forgænger for fjernskriverkoder og ASCII-koder. I nutidige termer ville man sige, at det er en fem-bit kode, som tillader transmission af 32 forskellige tegn, jvnf. figur 2.11.

I vor dage bruges enheden Bd (baud, udtal '*bo·*') som er afledt af *Baudot*, for transmissionshastighed, B/s (bytes pr. sekund), eller måske egentlig *tegn pr. sekund*.

Koden blev indtastet med et apparat med fem tangenter; én for hver hulposition, to fingre på venstre hånd og tre på højre. Den

kode	α	kode	α	kode	α	kode	α
00000		01000		10000	A	11000	E
00001		01001	X	10001	t	11001	Z
00010		01010	G	10010	J	11010	H
00011	#	01011	M	10011	K	11011	L
00100	Y	01100	I	10100	U	11100	O
00101	S	01101	W	10101	T	11101	V
00110	B	01110	F	10110	C	11110	D
00111	R	01111	N	10111	Q	11111	P

Figur 2.11: *Baudotkoder udtrykt binært.*

lidt 'rodede' fordeling af tegn på kodeværdierne er lavet sådan ud fra bogstavhyppighederne (på fransk) for at fordele belastningen ligeligt på telegrafistens fingre.

En *baudotstrimmel*, som vist på figur 2.12, blev anvendt i fjernskri-

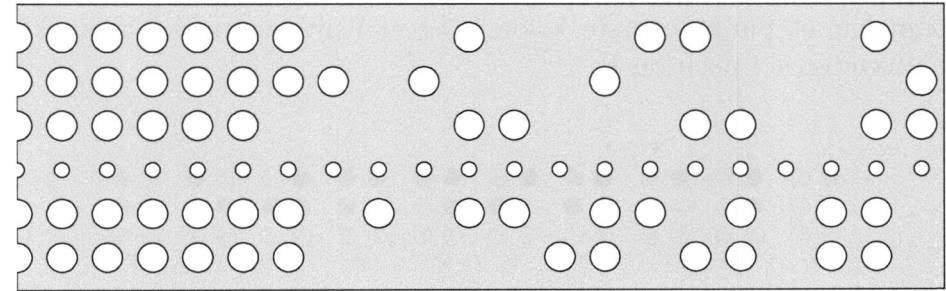

Figur 2.12: *Stump af hulstrimmel med baudotkode.*

vere og TELEX langt op i det tyvende århundrede, dog typisk med syv rækker huller. Hulstrimlen blev af IBM videreudviklet til *hulkortet*, som endnu var i brug i slutningen af det tyvende århundrede.

Ideen med baudotstrimlen var, at man kunne hulle telegrammerne på forhånd, samle dem med fælles modtager og sende dem med højere hastighed, end telegrafisten var i stand til at taste. På den måde kunne de dyre telegrafkabler udnyttes mere effektivt.

OPGAVE 6 - Baudotkode

Skriv teksten 'JULES VERNE' som det vil se ud på en baudotstrimmel; de små huller i midten af strimlen er styrehuller og ikke en del af koden.

2.1.6 Braille

Braille eller *punktskrift* består af små knopper, som præges i metal, plastic eller stift papir. Teksten kan læses af svagtsynede personer ved at føle med fingrene.

Grundfiguren består af to kolonner med tre punkter i hver. Der er således i princippet seks bits, som giver mulighed for 64 forskellige tegn. I praksis er der dog færre brugbare tegn, idet nogle af de teoretisk mulige bitmønstre ligner hinanden for meget til at kunne bruges. Alle tegn har et punkt i første kolonne og et i øverste række; men ikke nødvendigvis i position 1.

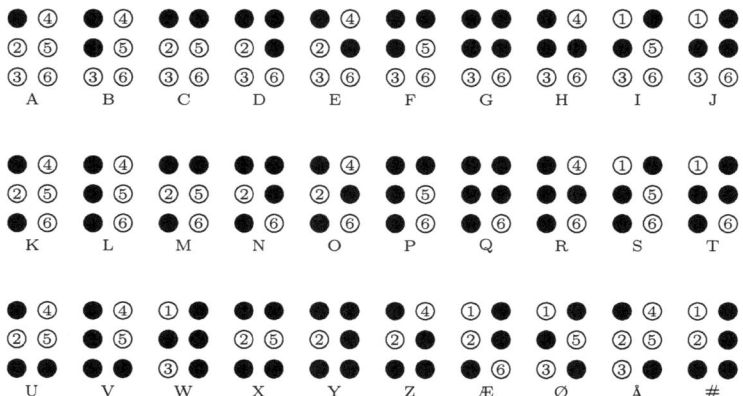

Figur 2.13: *Braille alfabetet.*

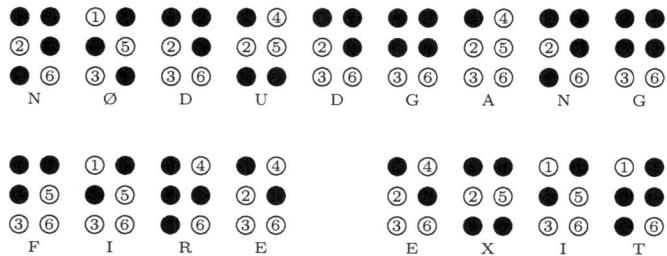

Figur 2.14: *Eksempel på tekst.*

Tegnet # (sidst i det viste braillealfabet) er taltegnet: Det angiver, at de følgende tegn er et tal; bogstaverne 'A' til 'J' angiver så cifrene '1',...,'9' og '0'.

OPGAVE 7 - Elevator

Skriv teksten 'ELEVATOR' som Braille:

①④ ①④ ①④ ①④ ①④ ①④ ①④ ①④
②⑤ ②⑤ ②⑤ ②⑤ ②⑤ ②⑤ ②⑤ ②⑤
③⑥ ③⑥ ③⑥ ③⑥ ③⑥ ③⑥ ③⑥ ③⑥

2.1.7 QR-kode

QR-kode er, ligesom stregkoden vi har kendt i mange år, beregnet på at blive printet på et klistermærke, som kan sættes på en vare i en butik eller en kasse på et lager. Den kan aflæses med en app på en smartphone.

Figur 2.15: *Eksempel på QR-kode.*

Der er indbygget fejlkorrigerende kode. Der anvendes *Hamming-code*, som kan tilpasses med forskellige niveauer af fejlkorrektion. På QR-koder på varer i butikker anvendes et ret højt niveau af fejlkorrektion, hvilket bevirker, at det næsten altid er muligt at læse koden, også når aflæsningsforholdene ikke er ideelle.

OPGAVE 8 - Læs QR-kode

Find en app på nettet, som kan læse QR-koder (hvis du ikke allerede har en), og installer den på din mobil.
Læs QR-koden i figur 2.15.

OPGAVE 9 - Dine egne QR-koder

Med programmet **TEC-IT QR-Code Studio**, som du også kan finde på nettet, kan du lave dine egne QR-koder. Prøv det!

2.2 Heterogen transskribering

Med *Heterogen transskribering* menes, at hvert enkelt tegn ikke nød-vendigvis bliver transskriberet til det samme antal tegn eller bits.

Redundans i de krypterede budskab kan hjælpe kodebrydere med at bryde koden. Man kan derfor have en interesse i at reducere redun-dansen; det kan gøres ved metoden beskrevet i dette kapitel.

2.2.1 Morsealfabetet

Morsealfabetet blev ikke opfundet for at skjule beskedens indhold - nærmest tværtimod. Så man kan vel ikke kalde den en krypterings-kode.

Alligevel har den interessante egenskaber.

Systemets opbygning afspejler teknologien på det tidspunkt, hvor den blev skabt; dvs. omkring 1837. Man var i stand til at sende en elektrisk strøm gennem en metaltråd over en afstand på nogle km. Man var endnu ikke i stand til at modulere signalet med lyd og tale, som i telefonen, da den først blev opfundet omkring 1876.

Systemet blev indført i forbindelse med opbygningen af jernbane-nettet i England.

E ·	S · · ·	H · · · ·	B − · · ·	0 − − − − −
T −	U · · −	V · · · −	X − · · −	1 · − − − −
	R · − ·	F · · − ·	C − · − ·	2 · · − − −
I · ·	W · − −	· · − −	Y − · − −	3 · · · − −
A · −	D − · ·	L · − · ·	Z − − · ·	4 · · · · −
N − ·	K − · −	· − · −	Q − − · −	5 · · · · ·
M − −	G − − ·	P · − − ·	− − − ·	6 − · · · ·
	O − − −	J · − − −	− − − ·	7 − − · · ·
				8 − − − · ·
				9 − − − − ·

Figur 2.16: *Det internationale morsealfabet.*

Morsealfabetet findes i nationale varianter, ligesom der undertiden er tilføjet koder for tegn og særligt vigtige meddelelser som:

SOS · · · – – – · · ·

I morsealfabetet er der ikke særlige tegn for bogstavmellemrum og ordmellemrum; det må klares med lidt forlængede pauser mellem de enkelt tegn. Uden disse pauser vil man ikke kunne skelne 'AN' fra 'P'.

Med en kontakt sluttes og brydes strømmen i den ene ende af linien, og i den anden omsættes den eventuelt til prikker og streger på en papirstrimmel. Eller - hvis telegrafisten er dygtig - så lytter han blot: bip bip dyt bip. I det internationale morsealfabet er der koder for bogstaverne, som består af fra en til fire prikker og streger. Cifrene kodes med fem prikker og streger.

De hyppigst forekommende bogstaver (i det engelske sprog) har de korteste koder. Det bevirker, at de sendte beskeder kan sendes hurtigere - og så letter det nok også telegrafistens arbejde.

Program

De kan skrive funktioner, der sender og modtager morse, som vist i figur 2.17 og figur 2.18.

Test

Test dit program ved at sammenligne med figur 2.19.

OPGAVE 10 - Morse

Skriv morsesignalet for 'ALT VEL OMBORD'.

OPGAVE 11 - 'AN' og 'P'

Sammenlign morsesignalerne for 'AN' og 'P'.

```
morsealfa=[['E','.'],['T','-'],['I','..'],['A','.-'],
          ['N','-.'],['M','--'],['S','...'],
          ['U','..-'],['R','.-.'],['W','.--'],
          ['D','-..'],['K','-.-'],['G','--.'],
          ['O','---'],['H','....'],['V','...-'],
          ['F','..-.'],['L','.-..'],['P','.--.'],
          ['J','.---'],['B','-...'],['X','-..-'],
          ['C','-.-.'],['Y','-.--'],['Z','--..'],
          ['Q','--.-'],['0','-----'],['1','.----'],
          ['2','..---'],['3','...--'],['4','....-'],
          ['5','.....'],['6','-....'],['7','--...'],
          ['8','---..'],['9','----.'],[' ',':']]

def Morse(a):
    rtn=''
    for e in range(len(a)):
        i=0
        while a[e]!=morsealfa[i][0]:
            i+=1
        rtn+=morsealfa[i][1]+' '
    return rtn
```

Figur 2.17: *Funktion til at sende morsesignaler.*

OPGAVE 12 - Danske bogstaver

Tilføj 'Æ', 'Ø' og 'Å' i morsealfa, så du også kan morse danske tekster. Du kan finde morsekoderne på nettet, men du kan også bare selv vælge ledige koder.

```
def afMorse(a):
    rtn=''
    while a!='':
        i=a.find(' ')
        b=a[:i]
        a=a[i+1:]
        if b==' ':
            rtn+=' '
        else:
            j=0
            while b!=morsealfa[j][1]:
                j+=1
            rtn+=morsealfa[j][0]
    return rtn
```

Figur 2.18: *Funktion til at modtage morsesignaler.*

```
>>> Morse('ETA 0900 GMT')
'. - .- ----- ----. ----- -----  --. -- - '
>>> afMorse('. - .- ----- ----. ----- -----  --. -- - ')
'ETA 0900 GMT'
>>>
```

Figur 2.19: *Test af morsefunktioner.*

2.2.2 Heterogen numerisk transskribering

Forskellen på *homogen* og *heterogen* numerisk transskribering er, at alle tegn i den homogene tranformeres til det samme antal bits, mens de transskriberes til et forskelligt antal bits i den heterogene. Det er lidt ligesom med morsekoden, se 2.2.1, hvor de hyppigt anvendte tegn får korte koder og de mindre hyppigt til gengæld får længere koder. Vi kan ikke give alle tegnene korte koder, for så er der ikke koder nok.

Med udgangspunkt i en optælling af bogstavsfrekvensen i det dan-

nr	tegn	frekvens	info		
#	-	ν	I	b	k
0	*mellemrum*	0,1453	2,78	3	0
1	E	0,1427	2,81	3	4
2	R	0,0650	3,94	4	1
3	N	0,0645	3,95	4	5
4	D	0,0619	4,01	4	9
5	T	0,0601	4,06	4	13
6	A	0,0514	4,28	5	2
7	S	0,0485	4,37	5	6
8	I	0,0474	4,40	5	10
9	L	0,0415	4,59	5	14
10	G	0,0390	4,68	5	18
11	O	0,0354	4,82	5	22
12	M	0,0291	5,10	5	26
13	K	0,0262	5,25	5	30
14	V	0,0246	5,34	6	3
15	F	0,0194	5,69	6	7
16	H	0,0161	5,96	6	11
17	U	0,0158	5,98	6	15
18	B	0,0121	6,37	6	19
19	P	0,0114	6,46	6	23
20	J	0,0095	6,72	6	27
21	Å	0,0088	6,83	6	31
22	Æ	0,0079	6,97	6	35
23	Ø	0,0072	7,12	6	39
24	Y	0,0062	7,34	6	43
25	C	0,0025	8,66	6	47
26	W	0,0002	12,44	6	51
27	X	0,0002	12,51	6	55
28	Z	0,0002	12,59	6	59
29	Q	0,0001	13,51	6	63

Figur 2.20: *Bogstaverne sorteret efter frekvensen i det danske sprog.*

ske sprog laves en tabel som i figur 2.20, kilde: [1]. Frekvenserne er talt op i den danske oversættelse af Jules Verne : "En Verdensomsejling under Havet". Frekvenserne er omregnet til informationsindhold i kolonnen info, I. Kolonnerne b og k viser antal bits og koden i kodesystemet beskrevet i afsnit 2.2.2.

I kolonnen yderst til højre, mærket k, står koden for hvert tegn. I koden for teksten er der behov for en markering af, hvor det ene bogstav slutter og det næste starter; i dette eksempel står denne informattion som de to mindst betydende bits i koden for hvert enkelt bogstav. Denne information fås ved:

$$l = k|2^2 = k|4$$

Jeg bruger i denne bog en lodret streg, $|$, til at angive   mod , *modulo*. Modulo er resten ved division af to naturlige tal. Eksempelvis er

$$17|5 = 2$$

da man ved heltalsdivision af 17 med 5 får resten 2.

Det samlede antal bits for bogstavet fås ved:

$$b = l + 3$$

Lad os se et eksempel. Den modtagne kode kunne være:

$$n = 1010151350$$

De to mindst betydende bits fås ved:

$$l = n|2^2 = n|4 = 1010151350|4 = 2$$

Antal bits for det *sidste* tegn i meddelelsen er nu:

$$b = l + 3 = 5$$

Koden for dette tegn er:

$$n|2^b = n|2^5 = 1010151350|32 = 22$$

Vi finder tegnet med koden $k = 22$ i tabellen i figur 2.20; det er 'O'.

Når vi har gjort det, skal n heltalsdivideres, $\div$, med $2^b = 2^5 = 32$:

$$n = 1010151350 \div 32 = 31567229$$

- og så er vi klar til at dekode det næstsidste tegn.

Program

Men lad os først se på hvordan funktion til *transskribering* kan laves; den kan du se i figur 2.21.

```
hetalf=[[' ',  0],['E',  4],['R',  1],['N',  5],['D',  9],
        ['T',13],['A',  2],['S',  6],['I',10],['L',14],
        ['G',18],['O',22],['M',26],['K',30],['V',  3],
        ['F',  7],['H',11],['U',15],['B',19],['P',23],
        ['J',27],['Å',31],['Æ',35],['Ø',39],['Y',43],
        ['C',47],['W',51],['X',55],['Z',59],['Q',63]]

def hetnum(a):
    rtn=0
    for h in a:
        j=0
        while h!=hetalf[j][0]:
            j+=1
        l=hetalf[j][1]%4+3
        rtn=(rtn<<l)+hetalf[j][1]
    return rtn
```

Figur 2.21: *Funktion til heterogen numerisk transskribering.*

Detransskriberingen kan ske med funktionen i figur 2.22.

Test

Test funktionerne mod udskriften i figur 2.23.

2.2.3   Sammenligning

Lad os se, hvad der sker, hvis vi tager en tekst, der er kodet med funktionen i 2.21 og afkoder den med funktionen i 2.2.2; se figur 2.24.

```
def afhetnum(n):
    rtn=''
    while n!=0:
        l=n%4+3
        k=n%2**l
        j=0
        while k!=hetalf[j][1]:
            j+=1
        rtn=hetalf[j][0]+rtn
        n=n>>l
    return rtn
```

Figur 2.22: *Funktion til heterogen numerisk detransskribering.*

```
>>> hetnum('KRYPTO')
1010151350
>>> afhetnum(1010151350)
'KRYPTO'
>>> afhetnum(hetnum('DEN LILLE RØDE HØNE'))
'DEN LILLE RØDE HØNE'
>>>
```

Figur 2.23: *Udskrift til test af numerisk transskribering og detransskribering.*

En tekst, man ønsker at sende, indeholder en hvis mængde *information*; det er vel dybest set årsagen til, at man ønsker at sende den. Information måles i b (bits). Én bit kan svare på et spørgsmål med svarmulighederne 'ja' og 'nej'. Hvis de to muligheder optræder med samme sandsynlighed, så er informationsindholdet af svaret 1 b.

Hvis sandsynligheden for en svarmulighed *ikke* er 50 %, så er informationsindholdet forskelligt fra 1 b. Er sandsynligheden ν, så er

```
>>> homnum('DEN LILLE RØDE HØNE')
16202844680847032751977741625
>>> hetnum('DEN LILLE RØDE HØNE')
360392109685852193518508
>>> afHomNum(hetnum('DEN LILLE RØDE HØNE'))
'YCNUJBHÅQMABVE H'
>>>
```

Figur 2.24: *Udskrift til sammenligning af homogen og heterogen kodning.*

informationsindholdet:

$$I = -\frac{\log(\nu)}{\log(2)} = -\log_2(\nu) \qquad (2.2)$$

$\log_2(\ldots)$ er logaritmen med grundtallet 2.

Det betyder, at hvis du spørger: *Hans er vel ikke hjemme?* og du på forhånd ved, at der er 85 % chance for, at det er han ikke, så er informationsindholdet af de mulige svar:

Jo, han er hjemme! $I_{jo} = 2{,}737$ b

Nej, det er han ikke! $I_{nej} = 0{,}234$ b

Du tillægger det svar, du mindst havde forventet, det største informationsindhold. Når du får svaret *Nej!*, så trækker du blot på skuldrene og siger, at det havde du heller ikke regnet med.

Man kan definere *informationsindholdet* af et bogstav ved at se på bogstavets *frevens* i tekster på det pågældende sprog. På figur 2.20 er frekvenserne for en dansk tekst vist.

Frekvenserne afhænger også af *genren*, og sikkert også af tekstens alder. I tabellen på figur 2.20 kan man se, at frekvensen af 'A' er 0,0514, eller at sandsynligheden for, at det næste bogstav er et 'A' er 5,14 %. Dermed bliver informationsindholdet af et 'A':

$$I_A = -\log_2(0{,}0514) = 4{,}282 \text{ b}$$

Hvis vi nu beregner det forventede, gennemsnitlige informationsindhold pr. bogstav i en dansk tekst, så får vi:

$$\sum_i \nu_i \cdot I_i = 4{,}166\,\text{b}$$

Hvis vi i stedet ser på, hvor mange bits vi i gennemsnit bruger pr. bogstav ved heterogen transskribering, så får vi:

$$\sum_i \nu_i \cdot b_i = 4{,}314\,\text{b}$$

Det er en lille smule større fordi vi ikke er i stand til at få bitforbruget til at passe helt nøjagtigt med informationsindholdet for hver enkelt bogstav.

Hvis vi derimod anvender homogen transskribering med 30 tegn, så bruger vi:

$$-\log_2\left(\frac{1}{30}\right) = \log_2(30) = 4{,}907\,\text{b}$$

for hvert tegn.

Forskellen mellem tekstens informationsindhold og kodens bitforbrug kaldes *kodningens redundans*. Ved at anvende heterogen transskribering får vi en redundans pr. tegn på 0,148 b, mens den homogene transskribering giver 0,741 b.

Redundansen i kodningen er den størrelse, som gør det muligt for kodebryderne at bryde koden. Større redundans giver bedre muligheder. Redundansen er en medvirkende årsag til, at man kan bryde en kode ved at foretage frekvensanalyse; hvis alle bogstaver forekom med samme hyppighed, både i klarteksten og i koden, ville en frekvensanalyse ikke kunne bruges til noget.

Da vi kan nedbringe redundansen med heterogen transskribering giver det en mulighed for at gøre koden sværere at bryde.

OPGAVE 13 - Sammenlign koder

Kod den samme tekst - måske dit navn - flere gange med små ændringer og undersøg, hvilken indflydelse det har på koden.

OPGAVE 14 - Frekvensanalyse

Kod en længere tekst med:

afHomNum(hetnum(' ... '))

som demonstreret i figur 2.24. Lav en frekvensanalyse på koden.

2.2.4 Udvidet kodetabel

Kodetabellen vist på figur 2.21 kan udvides som vist på figur 2.25.

Program

Tekster kan kodes til heltal med funktionen vis på figur 2.26.

Test

Funktionen på figur 2.26 kan testes mod udskriften på figur 2.27.

2.2.5 Hashkode

Hashkoden er beregnet udfra en tekst sådan at hele teksten har indflydele på værdien. Den er væsentligt kortere en den oprindelige tekst, men dog så lang, at det er meget usandsynligt at to forskellige tekster giver den samme hash-kode.

Man kan opfatte hashkoden som et "fingeraftryk" af teksten som gør, at man nemt kan afgøre, om to tekster er identiske.

Da informationsindholdet i hashkoden er stærkt reduceret er det ikke muligt at afkode hashkoden til den oprindelige klartekst.

Program

Du kan lave en funktion til beregning af hashkode som vist i figur 2.28.

```
alfa=[['@',0],[' ',1],['E',9],['R',2],['N',10],['D',18],
['T',26],['A',3],['S',11],['I',19],['L',27],['G',35],
['O',43],['M',51],['K',59],['V',4],['F',12],['H',20],
['U',28],['B',36],['P',44],['J',52],['Å',60],['Æ',68],
['Ø',76],['Y',84],['C',92],['W',100],['X',108],['Z',116],
['Q',124],['Ö',5],['Ä',13],['Ü',21],['.',29],[',',37],
[':',45],[';',53],['!',61],['?',69],['e',77],['r',85],
['n',93],['d',101],['t',109],['a',117],['s',125],
['i',133],['l',141],['g',149],['o',157],['m',165],
['k',173],['v',181],['f',189],['h',197],['u',205],
['b',213],['p',221],['j',229],['å',237],['æ',245],
['ø',253],['y',6],['c',14],['w',22],['x',30],['z',38],
['q',46],['ö',54],['ä',62],['ü',70],['0',78],['1',86],
['2',94],['3',102],['4',110],['5',118],['6',126],
['7',134],['8',142],['9',150],['é',158],['è',166],
['ë',174],['£',182],['$',190],['%',198],['&',206],
['/',214],['(',222],[')',230],['=',238],['-',246],
['+',254],['<',262],['>',270],['"',278],['§',286],
['|',294],['#',302], ['[', 310],[']',318],['{',326],
['}',334]]
```

Figur 2.25: *Udvidet alfabet med store og små bogstaver, samt diverse tegn.*

Test

Du kan teste dit program som vist i figur 2.29.

OPGAVE 15 - Hash

Afprøv hashfunktionen i figur 2.28 med to næsten identiske tekster. Du skal blot ændre et enkelt bogstav et sted i teksten.

```
def kod(t):
    rtn=0
    for a in t:
        i=0
        while a!=alfa[i][0]:
            i+=1
        s=alfa[i][1]%8+3
        rtn=rtn<<s
        rtn+=alfa[i][1]
    return rtn

def afkod(y):
    rtn=''
    while y>0:
        s=y%8+3
        l=2**s
        k=y%l
        i=0
        while alfa[i][1]!=k:
            i+=1
        rtn=alfa[i][0]+rtn
        y=y>>s
    return rtn
```

Figur 2.26: *Funktioner til transskribering og detransskribering af udvidet alfabet.*

```
>>> kod('#71: Kom til brændestakken kl. 17:43!')
2293730769344226997965484900054668318956263974939851748449
23585111889557441634031366
>>>
>>> afkod(kod('#177: Modtaget.'))
'#177: Modtaget.'
>>>
```

Figur 2.27: *Testudskrift fra kod() og afkod().*

```
def hash(t):
    n=hetnum(t)
    N=1<<31
    rtn=0
    while n>0:
        rtn=rtn^n%N
        n=n//N
    return afHomNum(rtn)
```

Figur 2.28: *Funktion til beregning af hashkode.*

```
>>> t='MALSTRØMMEN MALSTRØMMEN RÅBTES DER MALSTRØMMEN ET
MERE FRYGTELIGT ORD KUNNE I DENNE KRITISKE SITUATION
IKKE HAVE NÅET VORE ØREN VI VAR ALTSÅ KOMMET TIL DETTE
FARLIGE STED PÅ NORGES KYST VAR NAUTILUS REVET MED UD I
DENNE AFGRUND NETOP I DET ØJEBLIK DA VI VILLE LØSGØRE
BÅDEN FRA DEN VI VIDSTE AT NÅR HØJVANDET KOMMER PRESSER
DET VANDET IND MELLEM LOFOTENS ØER MED SÅDAN EN KRAFT AT
DER OPSTÅR SOM EN HVIRVLENDE FOS SOM INTET FARTØJ KAN
KOMME GENNEM BØLGERNES KRAFT ER SÅ VÆLDIG AT DEN MÆRKES
I EN OMKREDS AF FEMTEN KILOMETER OG STEDET KALDES MED
RETTE OCEANETS NAVLE'
>>> hash(t)
'ZPWTFO'
>>>
```

Figur 2.29: *Test af hashfunktion.*

Kapitel 3

Enigma

I Tyskland i tiden mellem første og anden verdenskrig blev der markedsført en maskine, som kunne kryptere tekst. Den var tiltænkt private virksomheder, som havde behov for at sende fortroligt materiale mellem afdelinger og til samarbejdspartnere.

Transskribering i en Enigma minder i princippet meget om Vigenèrekodning, se 20, idet der transskriberes ét bogstav ad gangen, og at transskriberingen skifter fra bogstav til bogstav. Transskriberingen er afhængig af *hvor mange* tegn, der går forud, men ikke *hvilke*.

Man havde ikke elektronik på den tid, så den bestod af elektriske og mekaniske komponenter. Her beskrives, hvordan apparatets komponenter kan simuleres ved hjælp af moderne programmering.

3.1 Hjul

3.1.1 Nøglehjul

Enigmaen er opbygget med tre eller fire nøglehjul, som illustreret i figur 3.1. Hvert nøglehjul har to skiver, og på hver skive er der 26 kontaktpunkter. Kontaktpunkterne er parvist forbundet med hinanden: Eksempelvis er punkt 3 på den ene skive forbundet med punkt 25 på den anden - og omvendt.

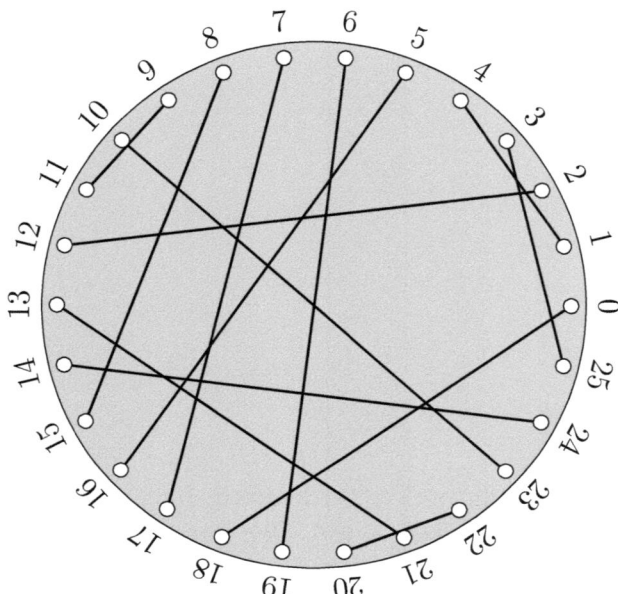

Figur 3.1: *Principskitse for nøglehjul; det er opbygget af to skiver med hver 26 kontaktpunkter langs kanten. Hvert kontaktpunkt på den ene skive har med en ledning forbindelse til et kontaktpunkt på den anden skive.*

Antallet af måder, det kan gøres på, er:

$$n = \frac{26!}{13! \times 2^{13}} = 7\,905\,853\,580\,625$$

Den tyske flåde havde i den sidste del af anden verdenskrig Enigmaer med fire sådanne skiver. Til én enigma hørte der otte skiver, som man kunne bytte.

Hvis man ud af et sæt på otte hjul vælger de fire, så kan det gøres på dette antal måder:

$$p(8, 4) = \frac{8!}{4!} = \frac{40320}{24} = 1680$$

Program

På figur 3.2 må vi forestille os kanten af nøglehjulet klippet op og rullet ud, så man kan se hele periferien på én gang. De 26 felter er nummereret fra 0 til 25; det står med små cifre øverst i feltet. Med store cifre nederst i feltet står nummeret på makkeren: Altså, det første felt, som har nummer 0, er forbundet med felt nummer 18.

	0	1	2	3	4	5	6	7	8	9	10	11	12	13	14	15	16	17	18	19	20	21	22	23	24	25
I	18	4	12	25	1	16	19	17	15	11	23	9	2	21	24	8	5	7	0	6	22	13	20	10	14	3

A B C D E F G H I J K L M N O P Q R T S U V W X Y Z

Figur 3.2: *Siden af nøglehjulet set rullet ud.*

Nøglehjulets virkemåde kan simuleres med funktionen i python™ vist i figur 3.3.

```
H=[18,4,12,25,1,16,19,17,15,11,23,9,2,
   21,24,8,5,7,0,6,22,13,20,10,14,3]
def hjul(b,d):
    rtn=(H[(b-d)%26]+d)%26
    return rtn
```

Figur 3.3: *Funktion, der simulerer et nøglehjul.*

Test

Funktionen kan testes mod udskriften i figur 3.4. Parameteren b=3 repræsenterer det bogstav, der skal kodes.

3.1.2 Flere nøglehjul

Enigma har flere nøglehjul; lad os i første omgang forestille os, at der er to, som i figur 3.5.

```
>>> hjul(3,0)
25
>>>
```

Figur 3.4: Udskrift fra funktionen Hjul(), der simulerer nøglehjulet.

	0	1	2	3	4	5	6	7	8	9	10	11	12	13	14	15	16	17	18	19	20	21	22	23	24	25
II	18	6	20	11	15	21	1	24	25	10	9	3	17	19	23	4	22	12	0	13	2	5	16	14	7	8
I	18	4	12	25	1	16	19	17	15	11	23	9	2	21	24	8	5	7	0	6	22	13	20	10	14	3

A B C D E F G H I J K L M N O P Q R T S U V W X Y Z

Figur 3.5: To nøglehjul koblet sammen.

Hvis vi nu vil kode D, så går vi først ind i felt 3 i nøglehjul I. Her kobles vi videre til felt 25. I nøglehjul II, felt 25 bliver vi koblet videre til felt 8, som svarer til I. D er således kodet til I.

Men hvorfor bruge to nøglehjul for at gøre dette? Kunne man ikke lige så godt bare have ét nøglehjul, som koder felt 3 til felt 8 direkte? Og tilsvarende for de 25 andre felter ...

Svaret er, at de to nøglehjul kan drejes - det er nok også derfor, vi kalder dem *hjul*. Og så bliver resultatet et andet.

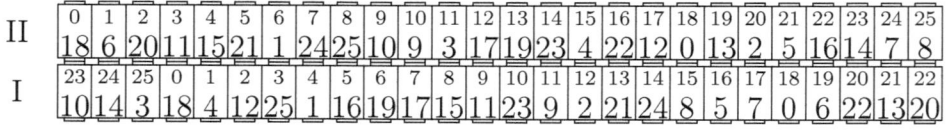

	0	1	2	3	4	5	6	7	8	9	10	11	12	13	14	15	16	17	18	19	20	21	22	23	24	25
II	18	6	20	11	15	21	1	24	25	10	9	3	17	19	23	4	22	12	0	13	2	5	16	14	7	8

	23	24	25	0	1	2	3	4	5	6	7	8	9	10	11	12	13	14	15	16	17	18	19	20	21	22
I	10	14	3	18	4	12	25	1	16	19	17	15	11	23	9	2	21	24	8	5	7	0	6	22	13	20

A B C D E F G H I J K L M N O P Q R T S U V W X Y Z

Figur 3.6: Nøglehjul I er drejet tre pladser til højre.

I figur 3.6 bliver D i hjul I kodet til 18, som i hjul II bliver kodet til 5, som derefter tolkes som F.

Når der er 4 kodehjul, som hver kan placeres i 26 positioner, så kunne man i stedet blot have ét hjul i maskinen; men det vil kræve:

$$26^3 = 17\,576$$

forskellige hjul at vælge imellem. Det kunne blive lidt svært at få plads til det i en ubåd.

3.1.3 Spejl

I Enigmaen er der i toppen af stakken af nøglehjul et *spejl*; det ligner et nøglehjul, men der er kun én skive. De elektriske koblinger er sat ind mellem kontaktpunkter på samme side af hjulet, og sender signalet tilbage ned gennem stakken, som vist i figur 3.7.

S	0	1	2	3	4	5	6	7	8	9	10	11	12	13	14	15	16	17	18	19	20	21	22	23	24	25
	16	22	10	18	7	8	9	4	5	6	2	24	25	19	17	23	0	14	3	13	21	20	1	15	11	12

II	0	1	2	3	4	5	6	7	8	9	10	11	12	13	14	15	16	17	18	19	20	21	22	23	24	25
	18	6	20	11	15	21	1	24	25	10	9	3	17	19	23	4	22	12	0	13	2	5	16	14	7	8

I	23	24	25	0	1	2	3	4	5	6	7	8	9	10	11	12	13	14	15	16	17	18	19	20	21	22
	10	14	3	18	4	12	25	1	16	19	17	15	11	23	9	2	21	24	8	5	7	0	6	22	13	20

A B C D E F G H I J K L M N O P Q R T S U V W X Y Z

Figur 3.7: *Stak med to nøglehjul og et spejl.*

Som i figur 3.6 bliver et D kodet til 5, men går nu videre op i spejlet S vist i figur 3.7, hvor det kodes til 8. I hjul II kodes 8 til 25, og i hjul 1 kodes dette til 20, som tolkes som X.

I modsætning til hjulene kan spejlet ikke drejes eller skiftes.

3.1.4 Krydsfelt

Men det stopper ikke her. I bunden af stakken er der et krydsfelt. Det er opbygget af banastik, som forbindes med ledninger. Krydsfeltets opygning er således meget forskellig fra nøglehjulenes, men funktionen er egentlig den samme. Vi kan opfatte krydsfeltet som endnu et nøglehjul, som kan konfigureres på et meget stort antal måder, men som spejlet drejer det ikke.

I figur 3.8 er vist den samlede kodemaskine med fire nøglehjul, spejl og krydsfelt. Desuden er det vist, hvordan indlæsning og udlæsning sker ved hjælp af trykknapper og lamper.

3.1.5   Rotation af hjulene

Hver gang telegrafisten har trykket på en tast for et bogstav, drejer hjul I én position. Når hjul I er drejet én gang rundt - altså efter 26 bogstaver - så drejes hjul II én position. Tilsvarende drejes hjul III og hjul IV. Efter

$$26^4 = 456\,976$$

bogstaver er Enigma tilbage i sin udgangsposition. Med tre skiver vil Enigma gentage sin konfiguration efter

$$26^3 = 17\,576$$

bogstaver. Det ville give kodebryderne en mulighed for at udnytte, at bogstaverne herefter ville blive kodet med samme konfiguration som i starten af telegrammet.

Man kan undre sig over, at den tyske storadmiral *Kark Dönitz* besluttede, at marinen skulle have specialfremstillet særlige Enigmaer med fire hjul, i stedet for standardudgavens tre. Mon det nogensinde er forekommet, at et telegram har været på mere end 17 576 bogstaver?

Det, der virkelig trak tænder ud hos kodebryderne på *Bletchley Park*, var at antallet af hjul, der kunne vælges imellem, blev hævet fra fem til otte. Så han kunne have brugt pengene på at hæve dette antal yderligere i stedet for at bygge nye maskiner.

Samtidig blev hjulene ændret, så det gav mulighed for at de rykkede mere end én position frem for hver hele rotation af det foregående hjul. Meningen var selvfølgelig at gøre det sværere at bryde koden, men det havde vist nærmest den modsatte virkning.

Det er vel sådan det ofte går, når højtstående magthavere uden teknisk indsigt skal sætte deres fingeraftryk.

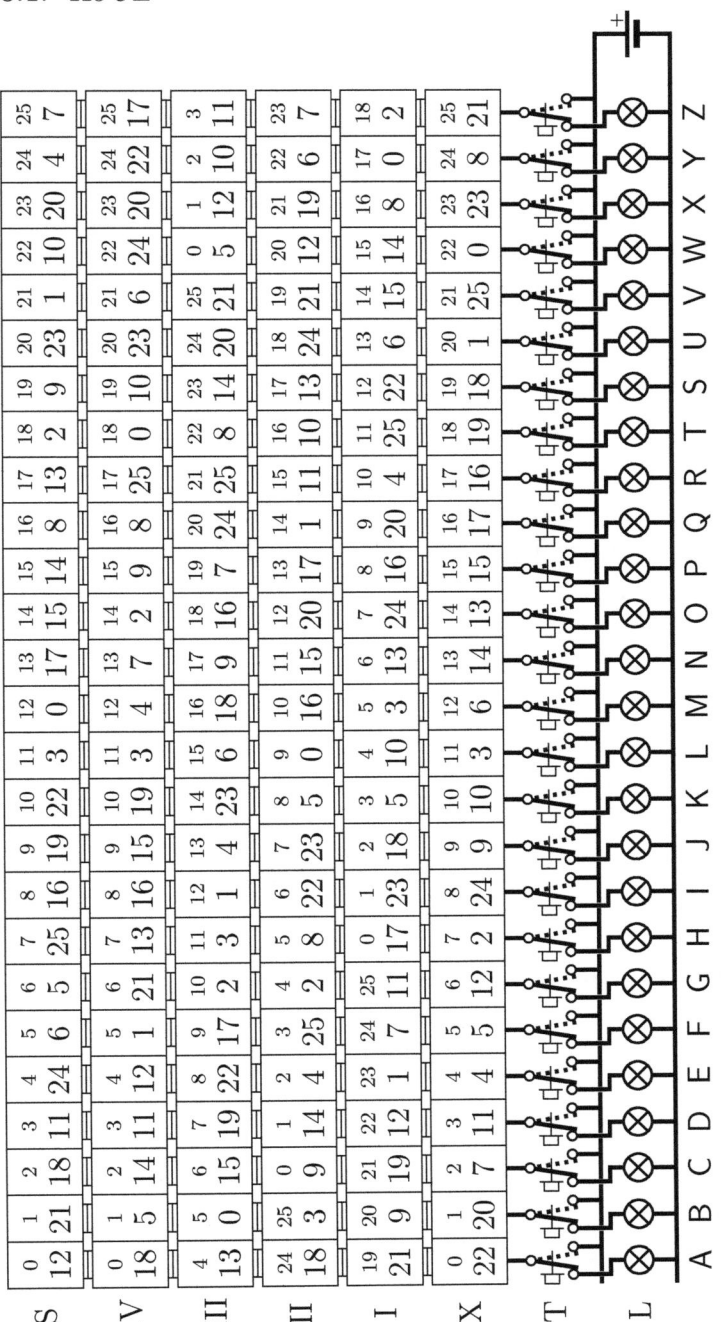

Figur 3.8: *Enigma med spejl (S), fire nøglehjul (IV,III,II,I), krydsfelt (X), tastatur (T) og lystavle (L).*

3.2   Transskribering med Enigma

```
K=[[11,18,24,25,6,16,4,17,13,15,19,0,22,
    8,20,9,5,7,1,10,14,23,12,21,2,3],
   [17,23,18,5,10,3,13,24,16,20,4,25,22,
    6,15,14,8,0,2,21,9,19,12,1,7,11],
   [9,14,4,25,2,8,22,23,5,0,16,15,20,
    17,1,11,10,13,24,21,12,19,6,7,18,3],
   [5,12,10,11,13,0,15,19,22,17,2,3,1,
    4,23,6,18,9,16,7,24,25,8,14,20,21],
   [18,5,14,11,12,1,21,13,16,15,19,3,4,
    7,2,9,8,25,0,10,23,6,24,20,22,17],
   [7,4,5,22,1,2,20,0,10,18,8,24,21,
    17,15,14,25,13,9,23,6,12,3,19,11,16],
   [12,11,20,8,21,25,19,9,3,7,17,1,0,
    23,16,24,14,10,22,6,2,4,18,13,15,5],
   [13,4,3,2,1,14,15,10,21,23,7,25,20,
    0,5,6,24,19,22,17,12,8,18,9,16,11],
   [12,21,18,11,24,6,5,25,16,19,22,3,0,
    17,15,14,8,13,2,9,23,1,10,20,4,7],
   [22,20,7,11,4,5,12,2,24,9,10,3,6,
    14,13,15,17,16,19,18,1,25,0,23,8,21]]
```

Figur 3.9: *Udvalget af nøgleskiver.*

Program

Egnigma konfigureres med listerne i figur 3.10. $K[0]$-$K[7]$ er de otte nøglehjul, som telegrafisten kan vælge imellem. $\mathbb{K}_S = K[8]$ er spejlet. $\mathbb{K}_X = K[9]$ er krydsfeltet, som konfigureres ved at forbinde med ledninger.

A er alfabetet.

```
A='ABCDEFGHIJKLMNOPQRTSUVWXYZ'
vektor=[[0,9],[7,1],[2,2],[12,3],[0,4],[0,8]]
```

Figur 3.10: *Lister til konfiguration af Enigma.*

vektor fastlægger Enigmas startkonfiguration ved at udpege krydsfeltet, de fire nøglehjul og spejlet. For hvert element angives startforskydningen og nøglehjulets nummer.

Enigma kan kodes som i figur 3.13. Det er enklest at kalde programmet med **heute()**; her indsættes blot klarteksten som parameter. Programmet tager standardkonfiguration hver gang. Det svarer til brugen i løbet af dagen, idet konfigurationen kun blev ændret én gang i døgnet ved midnat.

Med **enigma()** kan du selv bestemme konfigurationen. Så skal du opsætte en liste som i figur 3.10. Alle hjulene er ens - set fra programmets synsvinkel. Du kan også ændre antallet af hjul blot ved at ændre listens længde; skal dog mindst være to hjul: krydsfeltet og spejlet.

Du kan også selv definere flere nøglehjul i listen K. Husk dog, at hjulene skal være symmetriske! (se afsnit 3.1.1)

```
def crypt(stak,m):
    d=stak[0][0]
    hjul=K[stak[0][1]]
    n=(hjul[(m-d)%26]+d)%26
    if len(stak)>1:
        nystak=stak[1:]
        n=crypt(nystak,n)
        n=(hjul[(n-d)%26]+d)%26
    return n
```

Figur 3.11: *Funktioner til styring af stak og hjul.*

```
def klik(v,i):
    if i<len(v)-1:
        v[i][0]+=1
        if v[i][0]==26:
            v[i][0]=0
            klik(v,i+1)
```

Figur 3.12: *Funktion, der drejer hjulene: Hjul I drejes ét klik for hvert bogstav. Når hjul I har drejet en hel omgang, drejes hjul II et klik. Tilsvarende drejes hjul III og hjul IV; hjul IV drejer ét klik efter 17576 bogstaver.*

```
def enigma(vektor,tekst):
    stak=[]
    for i in vektor:
        stak.append([i[0],i[1]])
    rtn=''
    for i in range(len(tekst)):
        if tekst[i]==' ':
            rtn+=' '
        else:
            rtn+=A[crypt(stak,A.find(tekst[i]))]
        klik(stak,1)
    return rtn
def heute(tekst):
    return enigma(vektor,tekst)
```

Figur 3.13: *Kode til Enigma.*

Test

Du kan teste din kode mod udskriften i figur 3.14.

```
>>> heute('TEST')
'WPEJ'
>>> heute('WETTER FORHERSAGE')
'TPPJFJ OAUKRVZUCZ'
>>> heute('TPPJFJ OAUKRVZUCZ')
'WETTER FORHERSAGE'
>>> heute(heute('NACHRICHTEN'))
'NACHRICHTEN'
>>>
```

Figur 3.14: *Test af Enigma.*

3.2.1 Detransskribering med Enigma

Virkningen af én passage gennem ét nøglehjul kan beskrives matematisk som:

$$n = \mathbb{K}_i m \tag{3.1}$$

Hermed menes, at hvis jeg sender en besked, m, ind i nøglehjulet fra den ene side, så kommer den kodet ud som n på den anden side.

Det kunne være nøglehjulet vist i figur 3.1 eller figur 3.2: Her vil et F, svarende til felt 5, blive kodet som Q, svarende til felt 16. Vi kan skrive det:

$$Q = \mathbb{K}_i F$$

Som beskrevet i underafsnit 3.1.1 er nøglehjulet symmetrisk; det betyder, at vi får det samme resultat uanset om vi sender beskeden ind gennem den nederste skive og læser den på den øverste, eller omvendt. Vi kan skrive det:

$$\mathbb{K}_i^{\uparrow} = \mathbb{K}_i^{\downarrow} = \mathbb{K} \tag{3.2}$$

At nøglehjulen er opbygget på denne måde bevirker samtidig, at hvis vi sender den kodede besked, y, gennem det samme nøglehjul en gang til, så får vi den oprindelige, ukodede besked, x, tilbage. Altså:

$$x = \mathbb{K}_i(\mathbb{K}_i(x)) \Rightarrow$$
$$x = \mathbb{K}_i^2(x) \Rightarrow$$
$$\mathbb{K}_i^2 = \mathbb{I}$$

Nøglehjulet er med andre ord sin egen inverse:

$$\mathbb{K}_i^{-1} = \mathbb{K}_i \tag{3.3}$$

Denne egenskab gælder også for krydsfeltet og for spejlet.
Den samlede virkning af nøglestakken kan beskrives:

$$y = \mathbb{K}(x) =$$
$$\mathbb{K}_X(\mathbb{K}_I(\mathbb{K}_{II}(\mathbb{K}_{III}(\mathbb{K}_{IV}(\mathbb{K}_S(\mathbb{K}_{IV}(\mathbb{K}_{III}(\mathbb{K}_{II}(\mathbb{K}_I(\mathbb{K}_X(x))))))))))) \tag{3.4}$$

Vi mener hermed, at vi først koder m med krydsfeltet ($\mathbb{K}_X$), hvilket giver $\mathbb{K}_X(m)$. Dette mellemresultat koder vi med nøglehjul I, hvilket giver $\mathbb{K}_I(\mathbb{K}_X(m))$. Når vi har været hele stakken igennem, fra bunden til toppen og tilbage, så får vi udtrykket i ligning (3.4).
Det kan skrives lidt mere kompakt som:

$$y = \mathbb{K}(x) = \mathbb{K}_X\mathbb{K}_I\mathbb{K}_{II}\mathbb{K}_{III}\mathbb{K}_{IV}\mathbb{K}_S\mathbb{K}_{IV}\mathbb{K}_{III}\mathbb{K}_{II}\mathbb{K}_I\mathbb{K}_X(x) \tag{3.5}$$

Hvis vi i ligning (3.5) lader $\mathbb{K}_X$ virke på begge sider af lighedstegnet, så får vi:

$$\begin{aligned}
\mathbb{K}_X(y) &= \mathbb{K}_X\mathbb{K}_X\mathbb{K}_I\mathbb{K}_{II}\mathbb{K}_{III}\mathbb{K}_{IV}\mathbb{K}_S\mathbb{K}_{IV}\mathbb{K}_{III}\mathbb{K}_{II}\mathbb{K}_I\mathbb{K}_X(x) \\
&= (\mathbb{K}_X\mathbb{K}_X)\mathbb{K}_I\mathbb{K}_{II}\mathbb{K}_{III}\mathbb{K}_{IV}\mathbb{K}_S\mathbb{K}_{IV}\mathbb{K}_{III}\mathbb{K}_{II}\mathbb{K}_I\mathbb{K}_X(x) \\
&= \mathbb{I}\mathbb{K}_I\mathbb{K}_{II}\mathbb{K}_{III}\mathbb{K}_{IV}\mathbb{K}_S\mathbb{K}_{IV}\mathbb{K}_{III}\mathbb{K}_{II}\mathbb{K}_I\mathbb{K}_X(x) \\
&= \mathbb{K}_I\mathbb{K}_{II}\mathbb{K}_{III}\mathbb{K}_{IV}\mathbb{K}_S\mathbb{K}_{IV}\mathbb{K}_{III}\mathbb{K}_{II}\mathbb{K}_I\mathbb{K}_X(x)
\end{aligned}$$

Efter samme opskrift kan vi lade alle operatorerne virke på de to sider i tur og orden, og vi vil så ende med:

$$y = \mathbb{K}(x) \Leftrightarrow \mathbb{K}(y) = x \qquad (3.6)$$

Operatoren $\mathbb{K}$ for den samlede stak er med andre ord også sin egen inverse - på samme måde som for det enkelte nøglehjul. Og da det enkelte bogstav afkodes tilbage til det oprindelige bogstav i klarteksten, så må det samme gælde for teksten som helhed - også selv om Enigma skifter konfiguration undervejs.

Det betyder rent praktisk, at hvis vi sender en besked gennem Enigma, og derefter tager den kodede besked og sender den igennem en gang til - med Enigma i den samme udgangskonfiguration, naturligvis - så får vi den oprindelige klartekst tilbage.

Det fremgår af ligning (3.5), at Enigma ikke ville have haft denne egenskab uden spejlmodulet. Når maskinen skal benyttes i felten under hektiske vilkår er det givetvis en fordel, at den ikke skal omkonfigureres flere gange i løbet af dagen.

3.2.2 Enigma kodebrydning

Før anden verdenskrig fik franskmændene fat i en Enigma, og de startede på at arbejde med hvordan man kunne bryde koden.

De samarbejdede med nogle polske matematikere. Deres arbejde blev i første omgang hæmmet af manglende ressourcer, og da Polen d. 1. september 1939 blev besat, stoppede arbejdet helt - som man vel kan forestille sig. De polske resultater blev overdraget til franskmændene, som senere delte dem med englænderne.

Polakkerne havde konstrueret en første udgave af en kodebrydningsmaske, som de kaldte *Bompa*. Da englænderne fortsatte dette arbejde, kaldte de deres kodebrydningsmaskine *the Bombe* i anerkendelse af polakkernes store indsats.

I filmen *The Imitation Game* beskrives hvordan *Alan Turing* [1912-54] nærmest egenhændigt konstruerer kodebrydningsmaskinen *Christopher*. Filmens fortælling er ikke historisk korrekt, men Turing var en dygtig matematiker, som bidrog betydeligt til arbejdet på Bletchley Park med at bryde Enigmakoden og til udviklingen af computeren.

Turing var homoseksuel, hvilket han blev dømt for efter krigen. I England (og i mange andre lande på den tid) var det kriminelt at være homoseksuel, men det blev samtidig opfattet som en sygdom. For at undgå fængselsstraf lod han sig underkaste hormonbehandling, som næppe har kureret noget som helst. Han udviklede tværtimod svære psykiske traumer, som førte til at han tog sit eget liv.

Svagheder

Enigmas måde at kode på minder dybest set en del om Vigenère koden, se afsnit 2.1.3. Det betyder, at man kan bryde den ved at studere bogstavfrekvenser og mønstre i koderne. Især er det til stor hjælp, hvis man kan skaffe koder sendt med den samme konfiguration.

De tyske telegrafister var instrueret i at ændre startposition for hjulene for hvert telegram. Heldigvis (for de allierede) sjuskede telegrafisterne. Ofte benyttede de den samme konfiguration hele dagen. Og da mange telegrammer indeholdt den samme type oplysninger (f.eks. vejrudsigter), gav det materiale til analyserne.

Enigma vil aldrig kode et bogstav som det samme bogstav: Et A bliver aldrig til et A, etc. For at verificere dette kan du studere figur 3.8.

Under arbejdet med at bryde koden viste det sig, at denne svaghed kunne udnyttes. En fast frase, som måske af tankeløshed eller arrogance er sat ind i hver enkelt telegram, kan give vigtig information om konfigurationen.

OPGAVE 16 - Sladrehank

Bogstaverne E, H, I, L, R og T forekommer sjældent på bestemte positioner i slutningen af hvert telegram. Se på disse telegramafslutninger og find ud af, hvilken tekst der ofte går igen på dette sted.

```
ZXTP SSPEQI; RUXP ZYUXMC; MHTW EQVQRZ; NGFF AADTSE;
UGWQ UUJFLZ; FUMW SWGDPE; IHDX QNEIRK; SPPH ROFRJC;
ADZG SFHJOG; TXTW KGWGVM; XCZF XTYJSF; JLTF XXSDDH;
QBSI FCNPNY; EMUR LRGNOO; SIEU AQDECV; AHWD KJSXIM;
YVET KJMGKH; VQEX GPIDIJ; YIOI SLQMHP; SUTT IOKVCC;
WPUF FQNHQY; TWYQ RNVAAT; NUOM RUIBGM; SOQJ PFFRYF;
RPJQ PAQCZG; XLFZ LDGCQB; YRMO TWNYLD; SPYH BXKMDV;
OROO RBMMTF; MTZI PQSFVD; SOKB PMVGPH; XAJH QPLGRK;
TCZJ SNJJCJ; SDQE XUSFVT; NQDN SUVZKG; KLUK XYIXZT;
YWRR NYZCAY; KBTN ZWWQRB; PFSM ATMQQM; YCUP RGUSKL;
KOMY IUPVGJ; KNTE WMZNTH; IWOC UHSKOS; IWYJ GGJHFE;
YLFY IAKSFC; PAJX ORERTT; EJSR IUVBXF; DLFT OAPNTB;
ZKFH UNBRCB; NRNE WSDOGF; PFSW VPVYJN; LSCY SECJLT;
ZPSH QEKPHF; VPZP RCOVCO; VANA CTHAXQ; RMGW NHVOHC;
TCGM WUMYDI; FDYY SVGVMD; WGPU BUPYXT; EJAM BARPSF;
ZVHM EBXRVJ; WFOX DLVGAP; GFLV ZWUZJN; JTVR MOCMXJ;
GOWR NACTJC; FKAJ TMEVHS; MNDY IXVIAV; YZEO RUSOWU;
QOGN ICZICK; DPWN MYCCBD; OYWN KXSYIJ; RUJP CSMNOY;
WRON PNDZWJ; VDDY WCKTOP; JZUK OCIAFM; YSKZ GXMCPS;
RTOP IYLROY; LRLZ QSGCVV; MLUC RPPHQT; YGLQ RDIRPY;
TLMN RJIYHI; VAOP NNEIBU; XOOM KUPMDC; QGWG YPUPMM;
ROKB TPDMYF; JSVC UWYVQZ; JJYZ EKBMTV; USMG SHACKB;
RTEJ PSWZHK; VLTZ UNEXXD; PDLW XDLFSV; PCJU XPZPXW;
SUEW KMOPMU; RRSG VOPVOH; ZDSP THAHZT; ELUS OXOMFO;
WWMD YZEWKW; EXAV VNDOFB; FSXZ OWFDRM; SYHD PRAXLW;
PPXB XPHPDO; UODB TFWVNZ; USGH CQVYRQ; CYOE KKHGHB;
WZNV LUFVAL; PZWM WCPRAZ; EPWO NLMSQS; LNGH AHUTSS.
```

Kapitel 4

RSA-kryptering

Indtil nu har vi set på kodesystemer, som egentlig er ombytningssystemer som frimurerkoderne; dog en smule mere avancerede. Med RSA-krypteringen (udviklet af Rivest-Shamir-Adleman i 1977) foregår det på en helt anden måde.

4.1 Tallenes uendelighed

Alle typer koder kan brydes. Hvis man er tålmodig nok. Men med RSA er det muligt at gøre det så svært, at det tager mange år - rigtigt mange år! Det er selvfølgelig teknologiafhængigt; i dag udfører vi beregninger på sekunder, som tidligere tog uger eller år. Og den udvikling kunne jo gentage sig.

Som vi skal se i dette kapitel er det egentlig ikke svært at finde primtal og opløse i primfaktorer - så længe tallene har en overskuelig størrelse. Jeg har - lidt arbitrært - sat grænsen for små primtal ved 32 bit, som er det samme som 4 byte. Mange programmeringssprog arbejder med denne størrelse for heltal.

Et 32-bits heltal uden fortegn kan maksimalt have størrelsen

$$N_{\max} = 2^{32} - 1 = 4\,294\,967\,295$$

dvs. lidt mere end fire milliarder. Med en nutidig computer (2020) er

58

det muligt at finde primtallene op til denne størrelse på overkommelig tid. Der er 203 280 221, det største af dem er 4 294 967 291; jeg fandt dem og skrev dem i en fil på ti døgn. Filen er på 775 MB, hvilket jo ikke er overvældende meget på en moderne hard disc. Den største *differens* mellem to af disse primtal, der kommer lige efter hinanden, er 336. Dette kan udnyttes til at komprimere filen - f.eks. ved at starte med 3, og så skrive afstanden op til det næste primtal. Når vi ser bort fra 2, så er alle afstandene lige tal; det halve af den maksimale afstand er 168, som kan skrives i 1 B. Så filen kan komprimeres til 194 MB - vi skal så bare selv huske de to første primtal.

Du kan finde filer med alle 32-bit primtal på nettet.

Det betyder, at kryptering baseret på 32 bit primtal på ingen måde er ubrydelig. RSA bruger for tiden 2048 bit, hvilket er heltal på 617 cifre decimalt, eller:

$$N_{RSA} \approx 3,23 \times 10^{616}$$

Det er svært at finde noget at sammenligne så stort et tal med; det samlede antal neutroner og protoner på Jorden er:

$$N_{nukleon} \approx 3,57 \times 10^{51}$$

Pointen er, at al information har en begrænset holdbarhed. Oplysninger forældes. Hvis du er overbevist om, at det tager mange år at bryde dit kodesystem, og dine informationer er forældede på dage eller uger, så kan du roligt bruge systemet.

RSA bygger på nogle ejendommelige egenskaber ved primtal, som jeg i det følgende vil demonstrere.

4.2 Primtal

Primtal er naturlige tal, som ikke kan skrives som produktet af andre naturlige tal. Eksempelvis kan 7840 opløses i primfaktorer sådan:

$$7840 = 2^5 \times 5 \times 7^2$$

Så det er ikke et primtal; det kaldes et *sammensat tal*. Derimod kan 3191 ikke opløses tilsvarende; det er mao. et primtal.

4.2.1 Finde primtal

Vi starter med at se på de *naturlige tal*. De naturlige tal er de tal, vi bruger til at tælle med; altså 1, 2, 3, 4, 5, ... - vi bliver bare ved så længe vi har behov.

Et naturligt tal kan være:

1 - hverken et primtal eller et sammensat tal

sammensat tal - produktet af to eller flere primtal

primtal - resten

Primtallene kan anskueliggøres ved hjælp af *Eratosthenes' si* (se figur 4.1): Man tænker sig en liste af alle naturlige tal (der er uendeligt mange - men nu er det jo også bare en tanke).

Et *primtal* er et naturligt tal, som ikke kan skrives som produktet af to eller flere andre naturlige tal, men som selv er nødvendigt som faktor for sammensatte tal.

Først ser vi på 1: Der er ikke andre naturlige tal, som ganget med hinanden giver 1. 1 er alligevel ikke et primtal, fordi det ikke er nødvendigt som faktor i noget sammensat tal, da det ganget med tallet blot giver tallet selv.

Så 1 er hverken et sammensat tal eller et primtal. Vi udelukker 1 og gør det gråt på figur 4.1.

Derefter tager vi det mindste af de tal, der endnu ikke er udelukket (vi kalder det p); i første omgang er det 2. 2 *er* et primtal, da det ikke kan faktoropløses i andre primtal, men er nødvendigt som faktor i alle de lige tal. Nu mærkes alle de tal (de bliver også grå på figuren), som kan fås ved at gange p med et naturligt tal større end 1. Det giver alle de lige tal større end 2: altså 4, 6, 8, 10, 12, 14, ..., som derefter også bliver grå.

1	2	3	4	5	6	7	8	9	10
11	12	13	14	15	16	17	18	19	20
21	22	23	24	25	26	27	28	29	30
31	32	33	34	35	36	37	38	39	40
41	42	43	44	45	46	47	48	49	50
51	52	53	54	55	56	57	58	59	60
61	62	63	64	65	66	67	68	69	70
71	72	73	74	75	76	77	78	79	80
81	82	83	84	85	86	87	88	89	90
91	92	93	94	95	96	97	98	99	100

Figur 4.1: *Eratosthenes' si*

Processen gentages med det næste tal, som endnu ikke er udelukket; det er nu 3. Når vi har gjort det med alle (!) tal, er de tilbageværende sorte tal primtallene.

Primtallene op til 100 bliver således: 2, 3, 5, 7, 11, 13, 17, 19, 23, 29, 31, 37, 41, 43, 47, 53, 59, 61, 67, 71, 73, 79, 83, 89 og 97.

Det der med uendeligt mange tal er svært at håndtere - selv i en computer. Så vi gør det på en anden måde.

4.2.2 Liste af primtal

Start med 2; det er det mindste primtal. Tag derefter heltallene større end 2 (kald det p) og undersøg, om der er et tal mindre end tallet selv og større end 1, som giver resten 0 ved division. Hvis der er det, så er p ikke et primtal. Fortsæt så længe, du orker - eller til du har brugt alle ressourcerne i din computer.

Denne metode virker, men den kan optimeres.

Den første optimering er, at alle primtallene (bortset fra 2) er ulige tal. Så når vi tager den næste kandidat springer vi alle de lige tal over.

Den anden optimering er, at du kun behøver at teste med tal, som er mindre end eller lig $\sqrt{p}$: Når du når et tal, q, som går op og er større end $\sqrt{p}$, så vil $\frac{p}{q}$ være mindre end $\sqrt{p}$ - og så har du jo allerede prøvet det.

Den tredie optimering er, at du kun behøver at teste med de *primtal*, du allerede har fundet. Hvis du finder et tal, q, som går op og er produktet af et antal primtal:

$$q = \prod_{i=0}^{n} q_i = q_0 \cdot q_1 \cdot q_2 \cdot \ldots \cdot q_n$$

så vil alle q_i også gå op. De vil hver især være mindre end q, så de er allerede prøvet - det vil således være overflødigt at undersøge, om q går op. Denne optimering kræver selvfølgelig, at du gemmer primtallene - men det var vel også fra starten meningen med at foretage eftersøgningen.

Program

Koden i figur 4.2 kan lave en liste af primtal.

Test

Du kan teste, om programmet kan finde primtal mindre end 50, ved at sammligne med udskriften i figur 4.3.

4.2.3 Skrive primtalsfil

Det kan være kraftigt tidsbesparende en gang for alle at lave en lang liste af primtal, og gemme den på harddisken.

Program

Et program til at finde primtal op til 16 bit kan se ud som vist i figur 4.4

```
liste=[2,3]
def prim(N):
    k=liste[-1]+2
    while k<N:
        primisk=True
        j=1
        while primisk and liste[j]**2<=k:
            if k%liste[j]==0:
                primisk=False
            j+=1
        if primisk:
            liste.append(k)
        k+=2
```

Figur 4.2: *Funktion til beregning af primtal mindre end N.*

```
>>> prim(50)
>>> print(liste)
[2, 3, 5, 7, 11, 13, 17, 19, 23, 29, 31, 37, 41, 43, 47]
>>>
```

Figur 4.3: *Test af funktion til beregning af primtal.*

Test

Det viste program kører nogle døgn. Når det er færdigt (men inden du lukker python™) kan du se det sidste primtal i listen ved at gøre som vist i figur 4.5.

4.2.4 Læse primtalsfil

Program

Listen af primtal kan læses fra filen på harddisken med programmet vist på figur 4.6.

```
m=[]
for i in range(2,2**16):
    m.append(i)
i=0
while True:
    k=m[i]
    u=[]
    for n in m:
        if k==n or n%k!=0:
            u.append(n)
    m=u
    i+=1
    if i>=len(m):
        break
print(m[0])
print(m[-1])
print(len(m))
```

Figur 4.4: *Find små primtal.*

```
2
65521
6542
>>>
```

Figur 4.5: *Vis første, sidste og antal primtal op til 2^{16}.*

Test

4.3 Moderate primtal

Program

Din kode til at finde moderat store primtal kan du teste mod udskriften i figur 4.7.

```
k=[]
with open('prim28.bin','rb') as file:
    while True:
        j=int.from_bytes(file.read(4)[:4],byteorder='big')
        if not j:
            break
        k.append(j)
```

Figur 4.6: *Læs primtal fra fil.*

```
>>> moderat(9740645)
9740639
>>> moderat(87851173107)
87851173087
>>> moderat(16000000000000)
15999999999961
>>> moderat(1600000000220000)
1600000000219969
>>>
```

Figur 4.7: *Testdata til moderat store primtal*

Test

4.4 Enkelte store primtal

Med en nutidig computer (dvs. år 2020), som er bestykket til spil, vil det være muligt at beregne primtal op til omkring en milliard på omkring et døgn. Begrænsningen vil typisk ligge i RAM'ens størrelse. Men hvis man er interesseret i få, moderat store primtal, så behøver man ikke hele listen. Med en liste, der går op til N vil man kunne teste primtalskandidater op til N^2.

Program

Koden vist i figur 4.8 demonstrerer dette.

```python
import random
m=[]
for i in range(256):
    k=2**63+random.randrange(2**63)
    k=k+1+k%2
    m.append(k)
with open('prim32.bin','rb') as file:
    while True:
        p=int.from_bytes(file.read(4)[:4],byteorder='big')
        if not p:
            break
        u=[]
        for n in m:
            if n%p!=0:
                u.append(n)
        m=u
file.close()
for n in m:
    print(n)
```

Figur 4.8: *Program, der kan finde moderat store primtal. Primtallene i tabel 4.1 er fundet med dette program.*

Test

Programmet til beregning af enkelte, moderat store primtal kan testes mod udskriften i figur 4.9. Når du har lavet en fil med primtallene op til f.eks 2^{32} vil et mindre antal primtal i intervallet $[2 \cdot 2^{32}; 2^{64}[$ kunne beregnes i løbet af nogle minutter. Da der er benyttet en randomgenerator i programmet vil du sandsynligvis ikke få de samme primtal som de viste i figur 4.9.

```
18157872707476206059
15344321874814156409
11863848653702825707
17192805717053267647
13995306155724279943
17118290470253793943
13744733941626129467
11712415576643667239
16235817077978841913
9983767220896462451
15113453715449239727
16497363924911575151
15842071999437601403
18134709576238126709
16100417137241842967
>>>
```

Figur 4.9: *Testudskrift af program til beregning af enkelte, moderat store primtal.*

4.5 Eulers φ-funktion

I RSA-metoden udnyttes en egenskab, som illustreres i det følgende. Lad os regne modulo 10; dvs. at ethvert resultat skal heltalsdivideres med 10, og så ser vi på resten; f.eks:

$$27|10 = 7$$

Det naturlige tal 10 kan skrives som produktet af to primtal:

$$10 = 2 \times 5$$

Tabel 4.1: Tabel med nogle tilfældigt udvalgte 64-bit primtal.

15 488 177 351 508 021 467	11 105 860 243 828 366 847	16 229 324 440 712 863 619	16 895 556 017 852 007 619
17 646 200 936 971 610 281	16 415 172 904 412 112 199	12 277 698 435 031 661 167	14 481 246 188 558 090 131
16 797 630 507 238 197 641	14 939 682 925 548 872 347	9 261 005 986 111 376 993	15 053 069 782 011 209 617
15 600 809 104 242 203 111	13 396 474 885 053 829 267	15 540 630 281 055 030 763	12 784 425 591 031 345 403
12 747 041 488 498 824 079	9 996 691 544 051 064 551	15 496 356 615 168 952 283	17 420 363 188 600 805 003
11 609 528 444 076 483 671	15 066 565 724 431 761 611	14 580 032 541 107 815 777	15 617 224 864 732 269 817
10 924 061 754 505 691 927	15 730 719 855 651 322 609	14 552 563 014 878 052 841	18 149 466 930 301 907 957
13 856 024 081 714 228 179	18 197 012 747 179 317 253	14 510 569 767 804 948 611	14 933 615 216 828 030 609
14 337 315 202 772 436 683	11 230 179 067 360 721 401	12 767 877 726 538 827 743	17 522 597 868 728 208 733
17 910 712 560 411 008 543	16 034 087 470 389 932 353	15 123 494 866 371 937 267	16 359 350 797 048 664 953
17 585 191 054 930 400 197	12 599 749 380 944 395 559	14 402 809 510 393 564 747	17 997 953 038 857 396 523
11 110 848 599 721 958 799	15 575 272 985 177 664 977	16 653 682 418 039 462 101	11 661 541 301 922 384 203
18 377 699 326 174 172 393	10 980 540 595 170 030 397	11 056 661 341 735 836 161	9 336 873 529 557 607 391
12 934 421 270 178 564 329	10 030 027 496 279 338 907	17 170 063 994 853 852 193	10 800 242 407 763 016 997
15 132 208 554 056 473 987	15 443 556 528 152 774 797	12 304 042 085 703 712 481	17 066 259 337 071 883 249
15 972 111 891 532 955 729	17 350 659 614 600 016 799	9 740 352 744 114 464 977	13 871 846 736 435 410 629
17 875 613 403 549 100 673	14 282 465 385 617 760 973	13 768 736 008 091 736 643	15 290 069 373 391 483 163
12 449 048 553 112 366 589	16 458 874 000 465 599 137	11 554 634 673 357 870 229	13 067 572 730 462 957 059
12 620 902 733 134 541 227	11 644 586 116 089 464 581	13 179 820 994 069 361 497	17 219 562 140 658 436 873
9 523 155 181 923 047 347	10 848 035 566 023 436 019	13 447 687 876 854 514 207	13 273 466 946 203 532 643
16 336 106 077 154 716 987	13 014 062 366 720 110 439	18 126 475 924 980 616 181	18 010 164 015 109 705 771
11 292 949 348 952 708 233	13 577 935 780 022 533 889	17 556 169 931 041 413 071	11 595 206 289 918 639 793
17 789 838 965 784 510 319	16 469 750 989 585 327 747	17 182 633 902 866 425 289	13 824 746 614 331 444 717
9 784 733 078 485 165 627	16 169 067 980 501 026 337	15 662 780 711 396 326 679	10 704 304 173 171 506 857
15 840 917 301 856 588 099	14 447 992 184 928 273 661	17 132 854 203 084 737 141	17 435 177 472 543 257 681
12 528 808 871 208 456 461	13 273 212 508 160 346 953	14 976 262 888 370 729 369	17 508 992 351 956 511 207
11 686 850 679 863 503 379	12 897 193 275 287 267 641	10 709 376 498 582 229 079	12 171 621 576 356 102 449
14 757 694 406 658 425 611	10 054 209 589 017 214 759	12 574 143 101 789 734 243	11 656 772 019 302 543 933
17 851 239 892 739 112 499	16 122 861 466 929 639 017	14 513 611 976 559 567 017	17 562 449 330 132 168 051
10 773 716 050 513 105 819	11 031 571 106 731 626 629	12 784 956 043 385 749 043	18 236 376 793 836 962 843

Tabel 4.2: Fortsættelse af tabel 4.1.

17 438 190 717 885 221 153	17 026 083 909 545 541 377	9 552 957 626 310 171 761	16 813 621 478 213 920 873
15 643 960 221 563 955 257	11 616 486 139 106 754 511	17 880 833 834 286 577 223	14 077 988 636 362 588 523
14 713 566 264 074 254 211	13 392 030 730 306 380 233	10 255 008 723 581 557 553	12 199 614 352 172 635 831
11 076 891 958 615 571 083	14 755 709 388 969 537 581	16 925 049 708 129 639 641	9 643 912 406 619 517 843
16 939 899 591 575 082 103	10 874 537 076 986 934 167	14 346 686 417 194 343 837	10 294 810 327 693 386 499
14 741 301 820 381 036 253	15 262 448 950 331 300 363	11 894 854 433 125 575 269	18 415 811 699 561 727 137
17 149 313 972 025 340 111	13 786 734 658 318 646 113	17 941 187 814 012 765 427	14 081 190 346 002 765 697
13 231 279 203 530 206 717	10 644 197 904 928 901 921	13 656 066 349 515 537 223	10 755 825 650 779 084 363
16 511 824 565 657 207 669	17 075 579 365 319 989 531	10 471 716 951 058 545 649	17 876 007 748 710 394 133
15 485 911 264 776 356 731	14 679 456 085 713 654 421	13 932 593 112 184 761 017	10 608 255 803 512 231 589
18 279 802 271 519 754 839	13 946 961 106 940 041 171	14 080 731 357 595 346 161	9 929 370 273 860 120 117
13 605 220 191 087 335 819	9 630 795 423 299 693 023	18 264 647 226 342 477 377	12 579 322 871 838 593 797
12 880 225 525 361 466 757	18 327 017 092 099 833 107	9 849 547 055 220 073 499	9 784 832 420 934 489 019
10 936 298 742 230 033 437	11 808 176 654 624 589 947	13 675 662 888 680 880 221	12 322 028 282 463 586 759
13 973 807 828 492 678 623	14 038 332 834 459 117 323	15 446 078 905 515 451 573	17 523 895 094 019 714 581
9 864 211 517 693 109 019	15 873 554 988 850 993 531	11 000 543 756 595 315 841	14 029 660 411 097 419 349
18 205 279 794 049 217 321	12 397 851 966 143 531 513	12 751 730 556 829 444 181	14 895 707 631 388 431 433
11 154 742 338 292 402 721	18 286 338 550 352 680 219	14 292 556 222 888 015 441	9 327 010 414 521 838 481
17 837 716 606 376 493 881	12 232 874 195 415 085 841	16 906 342 887 889 924 481	15 460 352 162 409 808 573
12 614 145 652 108 398 091	14 844 294 789 399 841 429	17 711 370 630 301 081 121	9 871 270 976 550 517 841
11 271 255 668 712 726 697	12 620 859 451 784 022 389	14 214 590 698 543 494 971	11 923 788 473 880 214 621
10 878 485 097 530 621 083	9 847 588 042 997 172 203	11 363 365 616 548 852 259	13 022 862 350 061 507 469
12 215 159 883 485 573 681	15 242 940 431 768 425 813	15 403 990 907 380 520 507	12 468 050 253 898 230 539
15 913 800 651 710 873 801	14 677 238 721 744 019 241	12 827 981 751 077 285 579	17 665 012 071 890 162 479
16 835 450 415 319 476 713	13 710 146 633 509 079 821	10 741 768 067 947 030 981	17 627 501 853 169 347 833
13 408 864 602 283 127 611	12 042 568 379 957 116 909	13 585 703 852 889 882 647	18 187 561 818 403 707 671
14 690 714 182 667 217 859	14 679 459 844 352 713 987	13 280 783 851 753 666 799	17 164 508 425 764 559 367
18 284 729 489 506 302 499	11 302 535 223 104 333 347	11 654 834 073 985 238 753	16 050 631 164 492 817 583
12 103 678 120 343 625 523	17 025 908 954 834 783 981	17 074 637 619 192 771 823	14 252 987 999 215 628 777
17 654 687 780 972 273 023	15 216 063 066 890 342 101	16 757 913 670 423 879 439	12 739 858 078 481 940 943

Tabel 4.3: Fortsættelse af tabel 4.1.

10 207 181 395 452 571 861	13 771 841 627 871 948 839	13 814 092 616 209 583 861	14 406 678 120 188 675 297
10 621 798 665 684 636 427	15 872 318 475 602 317 829	11 336 732 329 004 533 081	12 302 785 878 877 362 709
17 776 791 840 713 192 123	12 836 876 700 423 804 409	16 388 386 696 109 925 517	15 086 170 342 039 466 977
15 590 173 040 935 241 939	17 687 967 856 125 343 837	12 492 177 949 882 908 713	12 108 843 498 321 950 873
18 035 500 020 389 938 349	13 835 742 831 336 936 943	10 428 578 606 171 201 831	12 635 060 116 732 061 143
17 750 805 769 530 891 247	17 996 537 656 650 032 453	16 063 802 480 633 634 761	13 849 740 653 344 752 061
12 403 292 358 128 649 553	16 760 785 005 384 185 069	14 725 688 485 125 151 327	10 513 744 054 066 038 173
12 672 159 071 649 725 161	17 646 910 405 737 470 057	18 316 343 249 407 752 443	11 422 705 180 781 736 859
14 694 676 499 466 842 843	17 178 915 967 425 993 457	14 514 227 381 478 903 863	12 004 723 293 087 937 439
16 931 175 463 972 274 779	11 149 388 695 940 535 043	17 098 078 129 061 116 223	10 055 433 444 019 257 937
9 422 393 678 714 687 401	11 612 944 247 727 492 239	9 662 019 168 746 199 767	14 858 432 650 824 821 977
14 871 846 836 547 439 807	15 088 633 328 684 063 243	12 504 820 736 061 196 321	13 209 360 672 501 221 131
11 837 741 457 605 512 727	14 057 578 652 645 785 223	16 267 589 315 200 522 843	16 837 370 412 609 691 361
13 168 496 834 754 092 653	10 213 378 401 886 286 789	18 121 535 985 545 826 931	13 357 360 497 097 122 053
9 591 611 728 168 781 323	12 099 553 441 171 226 111	18 402 489 470 238 158 099	13 191 843 308 445 855 979
16 630 895 422 705 950 829	18 142 183 255 481 141 203	14 519 216 145 983 295 737	11 973 369 824 339 174 593
9 997 725 835 876 499 459	12 817 585 511 463 776 231	15 970 231 816 171 294 261	14 393 791 949 514 577 811
15 284 215 298 855 044 193	12 173 109 991 116 428 881	11 424 070 561 377 985 837	14 406 158 933 968 650 757
12 901 959 476 884 697 761	14 150 463 551 280 088 691	12 050 520 858 772 199 509	9 920 541 562 183 775 207
14 253 086 111 599 838 527	10 251 105 818 301 889 949	13 612 456 925 484 124 921	12 839 712 259 974 506 017
11 487 119 370 237 886 457	14 354 057 716 492 005 377	14 838 845 549 081 727 479	18 446 584 539 453 423 889
16 215 997 477 512 501 701	17 008 577 355 063 527 287	13 991 403 976 635 792 989	11 836 525 612 686 331 097
9 409 395 109 867 575 341	11 740 549 601 982 862 981	15 759 324 205 735 209 329	18 227 497 642 252 008 017
13 382 529 633 805 182 547	10 797 437 679 793 792 439	15 272 161 274 216 033 899	16 013 467 487 585 326 529
14 397 305 402 894 173 037	14 844 288 883 508 851 097	13 243 803 417 090 166 391	15 803 378 719 221 536 351
10 343 842 708 084 240 231	9 615 803 653 502 922 619	13 795 970 207 943 849 103	12 508 116 100 426 475 383
11 716 682 329 919 173 793	17 238 397 973 851 708 243	15 580 835 000 372 119 993	11 837 688 354 912 304 349
14 474 623 138 888 353 647	13 053 596 294 439 233 521	14 128 323 008 717 073 643	9 314 425 713 744 748 661
16 969 163 582 320 236 653	15 334 839 556 900 858 513	10 040 895 863 474 650 771	9 460 433 981 144 440 513
13 174 583 210 506 670 041	12 551 357 633 352 409 219	9 904 548 627 537 842 479	17 482 889 444 783 729 059

Tabel 4.4: Fortsættelse af tabel 4.1.

17 808 431 165 123 713 501	10 021 595 694 672 570 451	12 183 982 627 068 611 251	14 018 864 535 899 673 071
15 351 869 872 936 421 353	11 945 092 867 617 641 107	14 197 637 676 424 171 051	12 363 424 050 335 533 601
18 300 846 201 619 488 971	16 804 608 385 877 128 373	15 449 773 625 898 963 679	10 917 327 305 457 734 831
9 729 584 087 809 897 411	17 967 458 447 050 241 209	18 135 589 550 533 758 157	15 260 469 598 331 152 133
15 525 932 222 069 323 277	15 961 982 625 675 128 773	17 543 827 446 449 961 031	11 713 963 120 468 674 587
14 672 143 227 627 625 057	17 006 843 241 715 758 763	9 553 464 905 304 192 569	16 579 940 372 694 340 643
12 368 573 451 227 900 923	12 157 154 505 615 423 721	9 526 131 443 892 401 719	16 205 617 211 104 997 927
16 633 249 739 816 137 849	14 259 867 030 699 199 787	14 659 311 092 679 135 137	11 780 145 560 035 001 689
16 056 897 396 638 037 287	15 392 747 586 200 631 109	12 625 115 600 945 536 457	13 139 216 673 148 102 261
13 539 468 354 918 493 513	12 908 585 643 043 141 277	15 507 307 906 788 544 003	15 369 915 350 629 403 569
13 021 596 999 499 816 729	15 498 577 926 648 362 171	11 523 881 580 795 119 317	10 908 069 439 890 560 071
18 209 209 327 842 166 901	10 733 940 456 043 824 757	14 645 476 239 442 736 591	16 720 098 103 557 369 307
16 800 731 701 459 936 987	14 742 200 843 766 332 941	11 291 678 615 051 441 363	17 183 673 632 288 240 509
10 699 137 533 984 435 309	15 807 672 260 587 427 641	12 909 900 479 667 384 877	9 640 609 774 339 731 739
15 183 821 871 502 155 623	9 998 157 497 261 002 981	14 603 614 689 719 392 873	18 304 006 803 695 163 871
12 203 197 185 738 064 417	17 690 878 097 911 523 441	14 873 540 976 504 298 241	16 698 074 836 156 609 199
15 539 840 455 105 320 533	9 699 166 330 044 680 803	14 263 146 198 909 543 281	14 451 432 457 759 651 687
13 891 766 139 402 726 041	17 697 708 487 577 015 033	9 394 560 165 687 709 949	15 167 029 367 876 581 199
9 956 544 946 053 224 567	10 811 005 158 984 734 953	10 877 894 311 373 070 211	17 960 430 669 199 884 737
13 767 088 164 529 876 157	9 692 506 660 346 652 173	10 760 920 759 006 769 257	15 177 044 305 246 725 443
18 056 987 556 272 981 341	13 072 350 251 174 494 271	10 224 130 262 969 552 183	12 919 478 926 056 403 139
16 135 969 409 708 084 653	9 790 809 793 018 016 713	17 399 000 354 495 287 273	9 686 612 860 763 527 571
13 363 641 153 908 017 897	12 815 688 834 075 733 523	12 650 945 222 302 541 761	15 398 700 173 660 663 759
14 137 452 089 475 842 263	9 849 016 147 900 640 927	17 009 854 208 944 764 823	17 754 657 846 017 983 663
9 564 786 689 398 534 079	17 428 294 334 956 127 393	10 549 932 343 456 992 977	14 301 470 430 923 881 993
13 855 267 113 235 538 621	14 565 104 933 530 976 527	11 296 874 910 037 544 153	13 560 529 261 964 622 299
10 864 948 643 190 389 659	17 225 356 025 495 311 763	12 789 847 262 938 635 013	11 870 160 753 141 845 813
14 921 729 452 293 126 361	12 564 120 526 652 994 443	11 504 439 931 816 844 651	10 388 672 198 546 597 017
12 778 192 697 290 849 463	13 495 774 456 982 948 717	9 436 898 021 601 422 329	13 099 245 708 740 716 739
16 278 007 948 279 316 699	14 703 742 124 973 883 591	10 982 015 646 719 616 113	14 437 424 790 077 700 989

Tabel 4.5: *Fortsættelse af tabel 4.1.*

16 334 711 336 312 193 593	14 981 608 126 028 894 941	11 413 938 064 039 809 037	12 190 655 790 431 768 479
11 249 289 421 906 844 213	14 974 659 066 063 495 199	14 025 902 954 963 214 101	11 443 343 532 531 094 339
10 929 531 215 762 963 707	12 709 572 463 661 354 129	17 530 696 476 337 835 603	11 975 767 811 176 127 419
18 345 324 265 949 385 109	15 911 480 694 249 219 419	9 226 586 272 397 296 267	15 410 538 175 113 422 951
17 097 370 792 911 253 211	17 827 077 933 373 453 439	9 888 110 832 617 068 523	10 525 758 801 967 526 399
15 180 224 554 513 699 931	17 967 506 375 748 342 811	17 385 065 206 776 140 677	17 453 777 407 410 974 173
17 905 587 062 973 616 157	15 507 357 446 561 706 581	16 531 288 401 585 215 963	18 344 343 479 315 612 903
9 360 628 416 033 133 931	11 700 000 338 491 958 783	15 862 245 062 422 560 859	15 665 827 779 767 439 871
18 166 810 303 413 543 511	10 789 586 924 553 704 737	17 280 507 601 387 281 191	16 599 494 216 895 611 393
16 597 796 185 511 532 379	12 507 175 018 912 852 097	10 019 108 908 513 941 749	15 517 479 432 276 782 017
17 812 319 358 957 885 347	12 085 112 484 526 937 299	13 656 203 319 152 933 489	16 675 728 772 568 580 089
12 039 167 164 481 250 037	14 839 016 423 139 418 919	9 364 223 603 932 333 849	15 593 714 263 969 904 287
11 652 879 902 504 527 007	13 210 589 757 706 656 083	9 709 894 415 153 973 407	15 655 387 893 937 838 341
10 910 009 879 841 944 173	14 320 110 457 976 782 141	9 393 211 162 817 954 917	10 318 659 445 652 855 161
13 749 275 139 351 140 713	11 851 313 765 559 082 561	10 765 116 630 575 501 581	16 631 460 780 788 386 927
12 090 843 181 017 930 313	17 633 311 017 531 963 371	10 211 776 677 496 805 381	17 158 406 863 416 756 841
13 022 848 580 359 683 943	12 464 633 441 256 233 023	12 252 988 758 201 432 739	10 601 175 764 007 126 007
11 397 695 158 803 382 861	18 093 772 707 971 307 119	14 544 685 955 744 527 091	17 280 958 563 058 244 111
12 674 597 832 743 409 791	18 248 489 049 489 110 539	17 980 183 571 352 967 649	12 549 552 994 553 533 789
13 072 261 038 745 538 167	10 663 001 584 916 386 669	13 878 289 046 290 884 119	16 192 851 886 669 797 601
15 750 489 790 535 190 673	17 694 663 432 025 950 529	13 832 882 913 989 589 337	12 630 858 660 709 471 261
11 447 973 099 990 588 677	18 397 792 987 716 666 653	9 619 526 637 049 842 151	11 946 779 553 777 689 471
14 195 476 123 782 035 491	12 534 946 800 921 220 901	15 185 764 908 471 113 329	13 745 251 353 841 654 613
12 378 184 601 131 744 223	17 333 330 276 610 176 623	9 683 125 428 101 925 169	12 052 459 300 470 174 427
17 312 439 791 102 543 909	13 540 136 302 666 522 849	11 721 913 455 805 388 873	13 534 972 985 717 695 511
14 196 867 799 057 773 499	9 416 193 882 415 501 477	14 010 790 811 581 880 683	14 113 068 004 807 193 839
14 535 993 390 637 972 723	17 239 814 730 031 384 069	18 412 829 764 147 633 817	18 059 720 602 455 379 279
11 979 804 624 361 848 343	12 560 680 409 648 928 197	13 695 007 997 637 044 263	14 865 115 349 164 846 499
15 534 452 810 769 480 013	10 034 201 356 411 986 197	14 005 554 753 248 575 871	12 284 826 186 768 216 353
14 312 177 939 882 169 353	12 350 413 202 016 365 167	9 661 637 740 047 266 137	16 467 764 639 407 113 973

Tabel 4.6: *Fortsættelse af tabel 4.1.*

10 699 144 229 275 081 823	11 289 066 941 893 901 429	16 311 813 293 042 518 891	17 900 443 498 462 101 383
11 974 353 721 462 571 093	10 229 742 959 945 197 739	15 078 990 056 520 867 187	12 553 552 275 404 727 793
13 487 574 171 110 825 053	17 132 894 003 713 834 321	13 011 063 605 184 237 013	11 522 756 186 879 878 979
18 037 650 187 334 458 337	14 509 709 210 161 059 637	15 286 235 767 579 154 681	17 410 900 831 254 967 937
17 612 863 589 540 719 697	9 447 243 554 231 551 819	12 883 544 059 992 403 087	12 409 914 109 342 109 959
11 616 376 913 719 038 191	14 738 458 374 837 646 481	15 792 220 094 169 575 461	15 506 743 382 334 583 229
13 214 909 795 758 692 787	15 339 828 389 463 481 789	17 853 956 347 387 653 217	18 296 133 092 061 720 293
13 612 579 062 508 631 977	15 911 252 592 904 151 837	16 470 415 213 991 088 151	11 185 739 079 727 896 053
14 740 312 493 989 969 907	14 778 520 818 977 592 827	18 050 587 835 927 510 939	13 662 322 688 339 978 537
12 727 726 778 813 291 591	16 238 161 399 684 287 887	14 867 721 422 692 840 213	14 001 749 406 200 811 511
12 847 051 844 842 043 287	17 084 894 991 155 134 823	10 697 706 171 362 084 939	16 971 885 931 579 265 023
17 927 855 740 842 274 519	15 045 180 206 090 483 311	10 462 148 494 018 412 977	16 156 057 181 505 629 723
10 203 889 281 245 995 367	11 596 947 687 874 108 757	18 284 889 278 593 747 547	15 692 258 104 460 412 821
13 129 726 687 553 263 169	16 140 504 018 552 669 563	13 639 038 561 673 697 089	14 111 471 092 641 470 981
13 598 101 769 785 537 373	16 624 864 559 200 695 953	14 434 128 939 030 927 397	13 741 841 405 119 753 837
9 626 007 204 797 779 349	9 637 108 636 380 704 861	9 575 484 677 352 211 217	9 805 131 547 020 650 303
15 635 532 157 715 325 607	13 646 984 129 110 582 897	11 245 092 414 616 508 821	12 733 994 245 482 447 389
15 709 880 650 739 941 223	13 753 565 540 360 738 867	11 052 058 561 244 347 891	16 680 047 741 941 461 043
11 173 180 470 543 780 707	14 598 644 907 978 893 063	13 213 982 163 596 417 669	9 242 326 653 118 073 311
13 517 440 394 641 217 273	12 093 609 347 385 594 781	13 498 725 883 427 797 799	16 502 526 020 443 596 167
11 338 379 051 526 063 731	16 471 948 814 333 796 683	9 523 288 452 597 915 469	10 126 939 290 617 040 467
10 485 905 285 343 269 681	17 410 647 449 193 396 599	11 392 249 206 809 047 063	17 076 817 128 659 567 761
13 794 868 740 031 345 583	17 795 457 532 081 381 619	12 538 691 906 218 373 023	11 443 075 263 502 393 513
13 231 044 830 972 946 023	11 775 551 375 312 344 033	15 904 277 384 361 847 759	13 696 143 248 156 194 589
16 115 914 285 752 067 957	13 461 373 575 927 037 841	13 327 940 846 588 128 253	17 084 897 503 778 878 223
15 545 587 300 724 930 089	17 924 546 028 594 744 499	16 011 787 955 446 784 747	12 002 360 204 534 485 553
16 772 136 265 174 270 823	13 055 244 376 640 487 629	12 578 778 363 975 548 141	11 918 571 359 630 638 363
10 262 363 532 238 228 823	17 867 536 779 060 762 181	17 496 566 607 061 448 743	11 461 051 975 082 141 279
15 585 386 315 704 129 739	14 323 231 590 618 798 959	13 416 256 792 340 336 933	9 663 000 973 795 789 783
11 141 483 356 288 861 391	17 606 274 743 119 288 019	17 471 224 280 458 646 053	11 522 266 024 085 972 249

Vi kalder de to primtal p og q:

$$p = 2$$
$$q = 5$$

Det ene af de to tal i den offentlige kode er:

$$n = p \cdot q = 2 \times 5 = 10$$

Ud fra de to primtal bestemmer vi to andre tal, r og s:

$$r = p - 1 = 2 - 1 = 1$$
$$s = q - 1 = 5 - 1 = 4$$

Nu beregnes Eulers ϕ-funktion:

$$\phi(n) = r \cdot s = 4 \times 1 = 4$$

Eulers totient-funktion, $\phi(n)$, angiver antallet af naturlige tal, som er mindre end n og primiske med n. For $n = 10$ giver det tallene:

$$1, 3, 7, 9$$

idet ingen af disse fire tal har en største fælles divisor med 10 større end 1. Ved hjælp af ϕ findes:

$$f = \phi + 1 = 5$$

Hvis vi nu kigger på de naturlige tal, $x : 1 < x < n$, og potensopløfter dem modulo n, så ser det sådan ud som i tabellen i figur 4.10.

Som det ses, så får vi med potensen $f = \phi + 1$ igen x. Det er forholdsvis enkelt at overbevise sig om, at det vil ske hver gang vi øger f med ϕ. Altså vil alle kolonner med:

$$f = N \cdot \phi + 1$$

(hvor N er et naturligt tal) gentage værdierne af x; eller:

$$x^f | n = x^{N \cdot \phi + 1} | n = x \tag{4.1}$$

$x^1 \mid 10$	$x^2 \mid 10$	$x^3 \mid 10$	$x^4 \mid 10$	$x^5 \mid 10$	$x^9 \mid 10$	$x^{14} \mid 10$
2	4	8	16	32	2	2
3	9	27	81	243	3	3
4	16	64	256	1024	4	4
5	25	125	625	3125	5	5
6	36	216	1296	7776	6	6
7	49	343	2401	16807	7	7
8	64	512	4096	32768	8	8
9	81	729	6561	59049	9	9

Figur 4.10: *Potenser modulo 10.*

4.5.1 Større nøgler

Det er oplagt ikke voldsomt interessant at kryptere med så små værdier af p og q; det er alt for nemt at bryde koden. Så lad os se, om det også virker med lidt større primtal; vi kunne jo prøve med:

$$p = 11$$
$$q = 17$$

Det giver:
$$n = p \cdot q = 11 \times 17 = 187$$

Nu får vi:

$$r = 10$$
$$s = 16$$

hvilket giver:
$$\phi = r \cdot s = 160$$

og:

$$f = N \cdot \phi + 1$$

Der er mao. følgende mulige værdier for f:

$$f \in \{161, 321, 481, 641, \ldots\}$$

Tallet 161 kan faktoriseres i: $161 = 7 \times 23$. Det er interessant, for det betyder, at:

$$x^{161}|n = x^{7 \times 23}|n = (x^7)^{23}|n$$

Det kan opdeles i:

$$y = x^7|n$$
$$y^{23}|n = x$$

De tre værdier vil vi kalde:

$$e = 7 \text{ privat}$$
$$d = 23 \text{ offentlig}$$
$$n = 187 \text{ offentlig}$$

Hvis kun d og n, er offentligt kendt, mens e kun kendes af beskedens afsender, så kan $y = x^e$ opfattes som en kryptering af x.

Det kan udnyttes på flere måder:

1. person A kan offentliggøre en besked, som han har kodet med sin hemmelige kode e_A og sin offentlige kode n_A. Enhver kan dekode den med A's offentlige koder d_A og n_A. Alle kan på denne måde overbevise sig om, at beskeden virkelig kommer fra A.

2. person B kan kode en besked med person A's offentlige koder d_A og n_A, og og gøre den tilgængelig på et offentligt sted. Kun person A er i stand til at afkode den med sin hemmelige kode e_A og den offentlige kode n_A.

3. B koder først med sin egen hemmelige kode og derefter med A's offentlige. Når A derefter afkoder beskeden med sin egen hemmelige kode og derefter med B's offentlige kode kan han dels være sikker på, at ingen andre kan læse den, og dels, at den virkelig kommer fra B.

Test

Det kan afprøves med python™. Antag, at beskeden er 103; så kan det beregnes på denne måde:

```
>>> e=7
>>> d=23
>>> n=187
>>> x=103
>>> y=x**e%n
>>> y
137
>>> print(y**d%n)
103
>>>
```

Det ses, at beskeden krypteres som $y = 137$, og at den dekrypteres som 103 - altså den oprindelige besked.

Prøv selv med andre beskeder $(1 < x < 187)$!

4.6 RSA-metoden

I RSA skal man bruge to primtal; helst meget store. Her vil jeg illustrere det med moderat store primtal, så du selv kan gennemføre beregningerne på din pc. Fra listen i figur 4.9 har jeg valgt to primtal, som begge ligger i intervallet mellem 2^{63} og 2^{64}:

$$p = 9\,983\,767\,220\,896\,462\,451$$
$$q = 18\,157\,872\,707\,476\,206\,059$$

Ud fra p og q beregnes n som produktet:

$$n = p \cdot q$$
$$= 9\,983\,767\,220\,896\,462\,451 \times 18\,157\,872\,707\,476\,206\,059$$
$$= 181\,283\,974\,338\,111\,446\,054\,099\,711\,687\,832\,190\,609$$

Nu udføres de samme beregninger som i afsnit 4.5.1:

$$\phi = (p-1) \cdot (q-1)$$
$$= 9\,983\,767\,220\,896\,462\,450 \times 18\,157\,872\,707\,476\,206\,058$$
$$= 181\,283\,974\,338\,111\,446\,025\,958\,071\,759\,459\,522\,100$$

Forsøgsvis opsplittes $\phi + 1$ i primfaktorer. Det kan gøres med koden i figur 4.11.

```
def faktor(f):
    rtn=[]
    with open('prim32.bin', 'rb') as file:
        while True:
            j=int.from_bytes(file.read(4)[:4],
                byteorder='big')
            if not j or j**2>f:
                rtn.append(f)
                break
            while f%j==0:
                rtn.append(j)
                f=f//j
    return rtn
```

Figur 4.11: *Funktion til opsplitning i primfaktorer.*

Udskrift fra programmet i figur 4.11 kan se ud som i figur 4.12.

```
>>> fi=181283974338111446025958071759459522100
>>> faktor(fi+1)
[29, 6251171528900394690550278336533086969]
>>>
```

Figur 4.12: *Opsplitning af $\phi + 1$ i primfaktorer.*

Det kunne give:

$$e = 29$$
$$d = 6\,251\,171\,528\,900\,394\,690\,550\,278\,336\,533\,086\,969$$

Hvis `faktor()` kun giver en faktor (det betyder, at alle primfaktorer er større end 2^{32}) eller hvis den ene af faktorerne bliver urimeligt stor, kan vi prøve igen som i figur 4.13.

```
>>> faktor(2*fi+1)
[3, 13, 929661406862109979620297803894664215 9]
>>>
```

Figur 4.13: *Opsplitning af $2 \cdot \phi + 1$ i primfaktorer.*

Det blev jo ikke meget bedre, så vi prøver igen som i figur 4.14.

```
>>> faktor(3*fi+1)
[47, 7237, 15989108070945535151155092926079 59]
>>>
```

Figur 4.14: *Opsplitning af $2 \cdot \phi + 1$ i primfaktorer.*

Nu stiller vi os tilfreds med:

$$e = 47 \times 7237 = 340\,139$$
$$d = 1\,598\,910\,807\,094\,553\,515\,115\,509\,292\,607\,959$$

4.6.1 Potensopløftning

Jeg gik let hen over, hvordan $x^{1598910807094553515115509292607959} | n$ beregnes. At beregne x^d, eller endog x^e, giver et så absurd stort tal, at det er dømt til at mislykkes. Det må brydes ned i mindre regnestykker. Princippet illustreres først med et eksempel:

$$x^{79} =$$
$$x^{78} \cdot x =$$
$$(x^{39})^2 \cdot x =$$
$$(x^{38} \cdot x)^2 \cdot x =$$
$$((x^{19})^2 \cdot x)^2 \cdot x =$$
$$(((x^{18} \cdot x)^2 \cdot x)^2 \cdot x =$$
$$((((x^9)^2 \cdot x)^2 \cdot x)^2 \cdot x =$$
$$((((x^8 \cdot x)^2 \cdot x)^2 \cdot x)^2 \cdot x =$$
$$(((((x^4)^2 \cdot x)^2 \cdot x)^2 \cdot x)^2 \cdot x =$$
$$((((((x^2)^2)^2 \cdot x)^2 \cdot x)^2 \cdot x)^2 \cdot x$$

Figur 4.15: *Trinvis potensopløftning.*

Nu skal vi bruge den distributive lov for modulo:

$$(x \cdot y)|n = ((x \cdot y)|n)|n = (x|n \cdot y|n)|n$$

Lovens gyldighed kan anskueliggøres ved:

$$(63 \times 54)|10 = 3402|10 = 2$$
$$(63 \times 54)|10 = ((63 \times 54)|10)|10 = (63|10 \times 54|10)|10$$
$$= (3 \times 4)|10 = 12|10 = 2$$

Program

En funktion i **python**™, som udregner $y^x|n$, kan se ud som i figur 4.16.

Test

Du kan teste din kode mod de beregnede eksempler i figur 4.17.

```
def potens(y,x,n):
    p=1
    while x>0:
        if x%2==1:
            p=(p*y)%n
        x=x//2
        y=(y*y)%n
    return p
```

Figur 4.16: *Funktion til potensopløftning.*

4.7 Kodning af tekst

Nu har vi komponenterne til at omdanne en tekst til en talværdi, kryptere den og skrive den krypterede besked ud som tekst.

4.7.1 Kodning af kort tekst

Med *kort tekst* mener jeg en tekst, som kan kodes til en talværdi mindre end n.

Først koder vi vores besked med funktionen kod(), vist i figur 2.26:

```
>>> kod('Hemmeligt!')
95879664982726182006077
>>>
```

Så krypterer vi koden med e og n som vist på figur 4.17:

```
>>> x=95879664982726182006077
>>> n=1812839743381114460540997116878321906 09
>>> e=340139
>>> d=1598910807094553515115509292607959
>>> potens(x,e,n)
3921784091002382878761516 9863335080390
>>>
```

Derefter transskriberes den numeriske kode til tekst med funktionen
afHomNum() vist på figur 2.9:

```
>>> alfanum='ABCDEFGHIJKLMNOPQRSTUVWXYZ'
>>> afHomNum(39217840910023828787615169863335080390)
'GJQMSMJXMUBMPNYOZUNPSCSMMIG'
>>>
```

Variablen **alfanum** er ændret en smule for at undgå mellemrum og de
danske tegn i den transskriberede tekst.

```
>>> potens(2,3,10)
8
>>> potens(42,3,10)
8
>>> n=181283974338111446054099711687832190609
>>> e=340139
>>> d=1598910807094553515115509292607959
>>> x=4032
>>> y=potens(x,e,n)
>>> y
18123701597024643089211644738219034757
>>> potens(y,d,n)
4032
>>>
```

Figur 4.17: *Test af funktion til potensopløftning.*

Grunden til, at jeg vælger funktionen afHomNum() her (og ikke
afkod()), er at den er *injektiv*. Det betyder, at der til alle koder i
kodeintervallet svarer et unikt tegn. Hvis det ikke var tilfældet, ville
afHomNum() med stor sandsynlighed gå ned med et krypteret argu-
ment.

4.7.2 Kodning af lang tekst

Når beskederne bliver længre, vil koden ikke kunne rummes i et lille heltal. Grunden til, at det skal være mindre end n er, at det kræver potens()-funktionen.

Problemet klares ved at splitte koden op før kryteringen, og så samle den igen efter krypteringen. Det gøres med funktionen i figur 4.18.

```
def split(y,x,n):
    rtn=0
    while y>0:
        rtn=n*rtn+potens(y%n,x,n)
        y=y//n
    return rtn
```

Figur 4.18: *Funktion til opsplitning af kode før kryptering.*

4.7.3 Visning af lang tekst

Hvis den krypterede besked overføres elektronisk kan man jo blot overføre det krypterede heltal. Men hvis det skal overføre manuelt - ved at man skriver beskeden på et stykke papir eller ved at man sender det som morsekode - så vil det være hensigtsmæssigt at opdele tekststrengen i noget, der ligner ord. Det vil gøre det nemmere at håndtere teksten manuelt. Det kan gøres med funktionerne vist på figur 4.19.

I afsnit om *Kodning af kort tekst* på side 81 fjernede vi mellemrum for at undgå misforståelser, hvis der kom flere mellemrum efter hinanden i den kodede tekst. Her indsætter vi mellemrum i den kodede tekst af rent æstetiske årsager. Det er vigtigt at gøre sig klart, at disse mellemrum ikke er en del af koden, og at de blot skal fjernes igen inden vi afkoder den.

```python
def klip(t):
    rtn=''
    while len(t)>8:
        s=0
        for i in range(4):
            s+=random.randrange(1,3)
        rtn+=t[:s]+' '
        t=t[s:]
    rtn+=t
    return rtn

def saml(t):
    rtn=''
    while t!='':
        s=t.find(' ')
        if s<0:
            rtn+=t
            t=''
        else:
            rtn+=t[:s]
            t=t[s+1:]
    return rtn
```

Figur 4.19: *Funktioner til opdeling af lang tekststreng i ordlignende enheder, og samle dem igen bagefter.*

Test

Funktionerne til klipning og samling af tekst kan testes mod udskriften i figur 4.20

```
>>> p='SYUYFNPCAKTQDKDQYVSAJCGEMROZCBJNCLROIBODHRJZUSKKHM
KXMOUTSDRODDABSMHVCRTEIOWOJRNWELCETGYUOPLRGVQPJNDHECZIVXH
LDNXVZNKQPIOKLHBZFISSCKPXWKQNCSGXNTEVCZPIGWTMEJRGZREMFXIA
LDNPNBTVIHLCMVSBXXHHGFSFGKXORSCUQAFOEUVSORPLRUZJUATBIR'
>>> q=klip(p)
>>> q
'SYUY FNPCAK TQDKDQY VSAJCGE MROZC BJNCL ROIBOD HRJZUSKK
HMKXMO UTSDR ODDAB SMHVCRT EIOWOJ RNWELCE TGYUOPL RGVQPJ
NDHEC ZIVXHLD NXVZN KQPIOK LHBZFIS SCKPX WKQN CSGXNTE
VCZPIG WTMEJR GZREMFX IALDNP NBTVIHL CMVSBX XHHGFS
FGKXORSC UQAFOEU VSORPL RUZJUA TBIR'
>>> saml(q)
'SYUYFNPCAKTQDKDQYVSAJCGEMROZCBJNCLROIBODHRJZUSKKHMKXMOU
TSDRODDABSMHVCRTEIOWOJRNWELCETGYUOPLRGVQPJNDHECZIVXHLDNX
VZNKQPIOKLHBZFISSCKPXWKQNCSGXNTEVCZPIGWTMEJRGZREMFXIALDN
PNBTVIHLCMVSBXXHHGFSFGKXORSCUQAFOEUVSORPLRUZJUATBIR'
>>>
```

Figur 4.20: *Test af æstestisk opklipning af tekst i ord og samling af ordene igen til en sammenhængende tekststreng.*

4.8 Samlet kodning

Lad os prøve det hele vejen igennem. Først krypterer vi *Egon Olsen*'s arbejdsinstruks til sin bande, og derefter dekrypterer vi den (det skulle jo gerne give det samme); se figur 4.21.

```
>>> besked='#eo101; #bc78. Aktionen starter i aften
kl. 22:35. Vi skal bruge en papirclips, ti meter
fiskesnøre og en røget sild. Det sørger Kjeld for!'
>>> q=klip(afHomNum(split(kod(besked),e,n)))
>>> q
'BTSSYTIG LCYUWP HTMZPAK QRIPI FWBEEB KEAFXE ZFDXVOG
IUZCEPB FSFX EHZUNQ WYXLSP CVEKUP OCMQRM KRIBJ UMYOR
FOZRJJ NDYPPF ZFPWZXA AIGCFL QXCZUJ NBGOIE RABOH BJXZ
EHBLHQS AELCYMO BWMMSV LNFTMLDU OXRXB WNBBP YBWLRA
FUDPR TIENXQ NSNTLA DRUEPZ ZHLCBZ YYFNIZY TZFMXXL
POPOH TNZUGA WXDSGH CPBK'
>>> afkod(split(homnum(saml(q)),d,n))
'#eo101; #bc78. Aktionen starter i aften kl. 22:35. Vi
skal bruge en papirclips, ti meter fiskesnøre og en
røget sild. Det sørger Kjeld for!'
>>>
```

Figur 4.21: *Besked krypteret og dekrypteret med SRA.*

Kapitel 5

Blockchain

Blockchain er ikke en metode til kryptering, men det er en metode, der bygger på kryptering med høj sikkerhed. Blockchain kan bruges til at opbygge en *kollektiv hukommelse*, som det er meget svært at ændre.

Ideen er, at alle kan *læse*, hvad der står i en blockchain, og alle kan tilføje en ny blok. Men ingen kan ændre i en blok uden at det kan ses, at det er sket. Så hvis nogen forsøger at skaffe sig en fordel ved at ændre i en blockchain, så vil alle kunne se, at han er en svindler.

5.1 Opbygningen af en blockchain

En blockchain understøttes af et antal *nodes*, eller, på dansk, *knude*.

Til en blockchain er der knyttet et antal *konti*, som hver repræsenterer en person, som kan lægge oplysning i blockchain'en.

5.1.1 Knude

En *knude* er en server, som dels lagrer blockchain, dels er i stand til at oprette nye blokke.

Hvis der er flere knuder, så sørger de automatisk for at synkronisere blockchain, så det er identiske blockchains, der ligger på alle knuderne.

5.1.2 Kontrakt

Em *kontrakt* indgås mellem én eller flere personer. En af personerne registrerer den på knuden; måske angiver han, at den skal bekræftes af de andre.

Alt, hvad man sender til knuden, krypteres med afsenderens kodenøgle; derved kan afsenderen dokumenteres.

5.1.3 Blok

Hver blok indeholder dette:

- et unikt løbenummer, eller en *højde*. Derved kan man se rækkefølgen for blokkenes oprettelse.
- tidspunktet for oprettelsen.
- reference til den nærmest foregående blok i blockchain.
- en hashkode for foregående bloks indhold; herved kan det afsløres, om indholdet af foregående blok er ændret - se afsnit 2.2.5.
- et antal kontrakter.

Blokken er krypteret med knudens egen private nøgle. Den kan dekrypteres af alle med knudens offentlige nøgle, men ingen andre end knuden kan ændre blokkens indhold. Hvis en bloks indhold er forsøgt ændret, kan det afsløres ved at se på de efterfølgende blokke. Det står enhver frit for at gemme kopier af blokkene, så forsøg på svindel kan afsløres.

5.1.4 Kryptovaluta

En blokchain kan indeholde alle typer af aftaler. Betalinger er jo egentlig også en form for aftale, så ved at lægge betalingerne i en blockchain kommer den til at fungere som et betalingsmiddel, eller en *kryptovaluta*.

Som krytovalutaer fungerer i dag gør de det muligt at skjule pengeoverførsler og formuer for myndighederne - og så kan du jo selv gætte, hvem det er interessant for.

Kapitel 6

Mastermind

6.1 Afsløring af hemmeligheder

Mastermind er et spil, hvor man skal gætte noget, som modspilleren holder hemmeligt. Man får et antal gæt, og hver gang skal modspilleren give et hint om, hvor tæt man er på det rigtige svar. På den måde minder det om det *Imitation Game*, som kodebryderen 'spiller' mod sin modstander.

6.1.1 Spilleregler

For at kunne spille spillet må man forudsætte nogle spilleregler.

Enigma

Den tyske overkommando i Berlin og de engelske kodebrydere i Bletchley Park havde naturligvis ikke aftalt reglerne for 'spillet'; men kodebryderne havde dog alligevel nogle bud på dem:

1. Telegrammerne var med stor sandsynlighed på tysk.
2. De indeholdt ofte vejrrapporter eller vejrprognoser.
3. Der ville sikkert ofte forekomme geografiske koordinater eller stednavne i Nordatlanten.

4. Der ville ofte være referencer til allierede skibe, især hvis de var blevet sænket.

5. Der ville nok også forekomme millitære begreber eller tyske høflighedsfraser.

6. Der kunne være et fast mønster for telegrammernes opbygning.

Mastermind

For *mastermind* kan der gælde forskellige regler for forskellige udgaver af spillet; her opstilles mit bud på reglerne:

1. 'Hemmeligheden' er sammensat af fire pinde (her bogstaver).

2. Der er syv forskellige farver pinde (bogstaverne kan være 'A', 'B', 'C', 'D', 'E', 'F' eller 'G').

3. Der kan være pinde med samme farve i hemmeligheden.

4. Det hint, der gives, er sammensat af op til fire pinde, som kan være sorte eller hvide.

5. Der gives først en sort pind for hver position, hvor gættet og hemmeligheden har samme farve.

6. Der gives derefter en hvid pind for hvert par pinde med samme farve, men i forskellige positioner.

7. Der kan højst gives point for den samme pind én gang; sort har højst prioritet.

Program

I et Mastermind-program må vi have en funktion, der kan udregne *hint*; en mulighed er vist i figur 6.1.

Test

Funktionen til beregning af hints kan testes mod udskriften i figur 6.2.

```
def hint(m,g):
    T=[[m[0],m[1],m[2],m[3]],[g[0],g[1],g[2],g[3]]]
    rtn=[0,0]
    for i in range(len(m)):
        if T[0][i]==T[1][i]:
            rtn[0]+=1
            T[0][i]='x'
            T[1][i]='y'
    for i in range(len(m)):
        for j in range(len(m)):
            if T[0][i]==T[1][j]:
                rtn[1]+=1
                T[0][i]='x'
                T[1][j]='y'
    return rtn
```

Figur 6.1: *Funktion til beregning af hints.*

```
>>> hint('ACAG','ABCD')
[1, 1]
>>> hint('ABCD','ABCD')
[4, 0]
>>> hint('ABCD','ABBA')
[2, 0]
>>>
```

Figur 6.2: *Udskrift til test af beregning af hints.*

6.1.2 Hypoteser

Jeg har besluttet, at programmet skal arbejde med en liste med alle de tænkelige kombinationer af de syv bogstaver.

Program

Funktionen til initialisering af hypoteselisten kan se ud som i figur 6.3.

```
def initHypo():
    alfa='ABCDEFG'
    rtn=[]
    for i in range(len(alfa)):
        for j in range(len(alfa)):
            for k in range(len(alfa)):
                for l in range(len(alfa)):
                    u=alfa[i]+alfa[j]+alfa[k]+alfa[l]
                    rtn.append(u)
    return rtn
```

Figur 6.3: *Funktion til initialisering af hypoteselisten.*

Test

Med syv bogstaver og fire pladser i hver hypotese bliver det samlede antal hypoteser $7^4 = 2401$; at listen får den rette længde kan testes som i udskriften i figur 6.4. Du kan også se efter, om element nr. 89 i listen har den rette værdi.

6.1.3　Blande kortene

For at undgå, at gættene bliver de samme hver gang, 'blander vi kortene'. Det kan gøres med en funktion som i figur 6.5.

6.1.4　Hintmuligheder

Et *hint* består af op til fire pinde, som er sorte eller hvide. En hvid pind gives for et rigtigt bogstav, alternativt gives en sort pind når bogstavet desuden står på den rette plads. De mulige hints (*udfald*) kan listes op som i figur 6.6. De fjorten mulige hints betegnes $u_0, \ldots, u_{13}$.

```
>>> h=initHypo()
>>> len(h)
2401
>>> for i in range(7):
        h[i]

'AAAA'
'AAAB'
'AAAC'
'AAAD'
'AAAE'
'AAAF'
'AAAG'
>>> h[89]
'ABFF'
>>>
```

Figur 6.4: *Det kan testes, om listen af hypoteser har den rette læng-de.*

6.1.5 Valg af gæt

Efterhånden som der gættes, reduceres antallet af mulige hypoteser; de hypoteser, der ikke stemmer med det seneste hint, fjernes fra listen. I de fleste tilfælde vil der efter fire gæt være én hypotese tilbage.

Den *information*, man kan forvente at få ud af sit gæt, varierer fra gæt til gæt. Det er en fordel at få så stor information, som muligt, hver gang. Informationsindholdet af det enkelte hint kan beregnes ved formel (2.2); det måles i enheden *bit* - forkortet b.

Den *forventede* information kan beregnes som en vægtet middelværdi over hintmulighederne, som i afsnit 2.2.3:

$$I = \sum_i \nu_i \cdot I_i = \sum_i \nu_i \cdot (-\log_2(\nu_i)) \tag{6.1}$$

I tabel 6.1 opgøres fordelingen, u_i, på de forskellige udfald afhængigt

```
>>> import random
>>> random.shuffle(h)
>>> for i in range(7):
        h[i]

'ABFF'
'BFDD'
'FGEG'
'AFCD'
'EGGD'
'ABAA'
'FEDF'
>>>
```

Figur 6.5: *Med* `random.shuffle(h)` *ordnes hypoteserne i en tilfældig orden.*

```
udfald=[[0,0],[0,1],[0,2],[0,3],[0,4],[1,0],[1,1],
        [1,2],[1,3],[2,0],[2,1],[2,2],[3,0],[4,0]]
```

Figur 6.6: *Liste over mulige hints.*

af hvad der gættes.

Frekvensen beregnes som:

$$\nu_i = \frac{u_i}{N}$$

hvor N er det samlede antal mulige udfald:

$$N = \sum_i u_i$$

Nu kan den forventede information udregnes som:

$$I = \sum_i \frac{u_i}{N} \cdot \log_2\left(\frac{N}{u_i}\right)$$

Tabel 6.1: Analyse af den forventede information for forskellige gæt.

gæt	u_0	u_1	u_2	u_3	u_4	u_5	u_6	u_7	u_8	u_9	u_{10}	u_{11}	u_{12}	u_{13}	info
DBCF	0	0	1	0	0	1	0	0	0	3	1	0	1	1	2,406
BBFF	0	0	0	0	0	4	0	0	0	2	0	0	1	1	1,750
BBBF	0	0	0	0	0	4	0	0	0	1	0	0	2	1	1,750
BDDE	0	0	3	0	0	3	0	1	0	0	0	0	0	1	1,811
DBEE	0	0	0	0	0	3	1	1	0	2	0	0	0	1	2,156
BBBA	0	0	0	0	0	3	1	0	0	2	0	0	1	1	2,156
ABCD	0	0	1	0	0	2	2	0	0	0	1	1	0	1	2,500
DBCA	0	0	1	0	0	2	0	0	0	2	0	1	1	1	2,500

Den forventede information beregnes for hvert muligt gæt, og den med størst information vælges, som i figur 6.7.

Det vil undertiden være fordelagtigt at foretage et *falsk gæt*: Hermed menes et gæt på en hypotese, som egentlig er udelukket af de foregående gæt. Fordelen kan opstå, når et sådant gæt reducerer antallet af hypoteser betydeligt. Ulempen er, at man 'spilder' et gæt ved at gætte på en hypotese, som man allerede véd er forkert. MaxInfo-metoden foretager automatisk vægtningen mellem fordel og ulempe.

Et eksempel ses i figur 6.9 i første spil, hvor svaret på første gæt er 03 og tre af bogstaverne FDAC derfor må forekomme i hemmeligheden. Alligevel er det andet gæt EAGF, hvor kun to af disse bogstaver (nemlig A og F) forekommer; altså må gættet være forkert. Men belønningen kommer i tredie gæt, som reducerer antallet af hypotese til én: ABCD.

På figur 6.1 ses, at gættene ABCD og DBCA står på en delt første-plads; programmet vil vælge den, der står først efter den indledende blanding af hypoteserne (shuffle()).

6.1.6   Mastermind

Mastermindprogrammet fremsætter hypoteser, og du besvarer med hints om, hvor tæt de er på dit hemmelige sæt.

Program

Mastermind hovedprogrammet kan se ud som i figur 6.8.

Test

Når du kører mastermind-programmet kan det se ud som i figur 6.9.

I de fleste tilfælde løser programmet opgaven med fire gæt, i sjældnere tilfælde tre eller fem. For spil med fem, seks og syv farver har jeg optalt antal spil med forskellige antal gæt; se figur 6.10.

Det giver et vægtet gennemsnit på 3,18, 3,66, hhv. 3,97 gæt pr. spil.

```
import math
def maxInfo(h,k):
    rtn=['',0]
    for a in k:
        n=[0,0,0,0,0,0,0,0,0,0,0,0,0,0]
        N=0
        for b in h:
            s=hint(a,b)
            i=0
            while udfald[i]!=s:
                i+=1
            n[i]+=1
            N+=1
        info=0
        for u in n:
            if u>0:
                info+=u/N*math.log2(N/u)
        if info>rtn[1]:
            rtn=[a,info]
    return rtn[0]
```

Figur 6.7: *Funktion til valg af hypotese med størst forventet information.*

```
def mm():
    print('lige et øjeblik ...')
    hypo=initHypo()
    h=hypo
    random.shuffle(hypo)
    while len(hypo)>1:
        g=maxInfo(hypo,h)
        print('mit gæt er: '+g+
            ', hvad er dit næste hint? ',end='')
        s=input()
        w=[int(s[0]),int(s[1])]
        gypo=[]
        for a in hypo:
            if hint(a,g)==w:
                gypo.append(a)
        hypo=gypo
    if len(hypo)==0:
        print('du må have svaret forkert.')
    else:
        print('din hemmelighed er: '+hypo[0])
```

Figur 6.8: *Funktion, der samler de øvrige funktioner til et færdigt mastermind-program.*

```
>>> mm()
lige et øjeblik ...
mit gæt er: FDAC, hvad er dit næste hint? 03
mit gæt er: EAGF, hvad er dit næste hint? 01
mit gæt er: DCBA, hvad er dit næste hint? 04
din hemmelighed er: ABCD
>>> mm()
lige et øjeblik ...
mit gæt er: DABC, hvad er dit næste hint? 04
mit gæt er: ABDD, hvad er dit næste hint? 30
din hemmelighed er: ABCD
>>> mm()
lige et øjeblik ...
mit gæt er: GCAB, hvad er dit næste hint? 02
mit gæt er: CEGF, hvad er dit næste hint? 01
mit gæt er: DBEA, hvad er dit næste hint? 03
mit gæt er: BAEE, hvad er dit næste hint? 30
din hemmelighed er: BABE
>>> mm()
lige et øjeblik ...
mit gæt er: FECG, hvad er dit næste hint? 00
mit gæt er: ADAD, hvad er dit næste hint? 20
mit gæt er: BAAB, hvad er dit næste hint? 20
din hemmelighed er: AAAA
>> mm()
lige et øjeblik ...
mit gæt er: BEFC, hvad er dit næste hint? 02
mit gæt er: FAEG, hvad er dit næste hint? 01
mit gæt er: ACDB, hvad er dit næste hint? 11
mit gæt er: CEDD, hvad er dit næste hint? 01
mit gæt er: BEDB, hvad er dit næste hint? 12
din hemmelighed er: DFBB
>>>
```

Figur 6.9: *Test af mastermindprogram; mere end fem gæt er aldrig nødvendigt: Se opgørelsen i figur 6.10.*

| gæt | fem farver | | seks farver | | syv farver | |
	spil	frekvens	spil	frekvens	spil	frekvens
1	1	0,16 %	1	0,08 %	1	0,04 %
2	25	4,00 %	21	1,62 %	18	0,75 %
3	460	73,60 %	417	32,18 %	364	15,16 %
4	139	22,24 %	833	64,27 %	1692	70,47 %
5			24	1,85 %	326	13,58 %
		3,18		3,66		3,97

Figur 6.10: *Optælling af gæt for spil med fem, seks og syv farver.*

Litteratur

[1] SPJDRPEDIA. http://spjdrpedia.dk/wiki, 2015.

Stikord

Fede sidetal henviser til det sted, hvor ordet eller begrebet er forklaret. Understregede sidetal henviser til ordets forekomst i en overskrift på kapitel, afsnit eller opgave. Sidetal i kursiv henviser til forekomst i figur eller figurtekst.